JN087259

TOEIC®L&Rテスト Part7を全部読んでスコアを稼ぐ本

岩重理香 著

アルク

はじめに

Part 7は、なぜ時間切れになるのか？

「Part 7が時間内に終えられない！」

「最後は、マークシートを『塗り絵』（※1）するだけなのでスコアが上がらない……」

「やっぱり速読法を身に付ける必要があるのかな？」

これらは、ほとんどの TOEIC受験者の悩みではないでしょうか。私が企業や大学で指導する際にも、多くの受講生から同じ悩みを訴えられます。

Part 7は54問もある TOEIC最大のパートです。しかも、設問、選択肢、さらにはちゃんと読むことができれば文書にも正解のヒントが書かれているので、本来スコアを稼げるパートです。つまり、ここで時間が足りなくて「塗り絵」をするというのは、得点源を手も付けないで捨てているのと同じことです。

なぜ、Part 7を時間内に終えられないのでしょうか？　Part 5、6を20分で終えて Part 7に55分（※2）残していても、時間が足りない人もいるでしょう。

その主な原因は、以下の3つと考えられます。

①1文の中で後ろから訳し上げるように<u>戻り読みしている</u>。

②複数の文からなる文書内で、前の方に書いてあった内容を忘れてしまい、確認しようとして<u>繰り返し読んでいる</u>。

③完全な日本語に<u>訳そうとしている</u>。

①の「戻り読み」をする人は、関係代名詞などがあるとその後ろを先に読んで、その後に、修飾されている語句（先行詞）をつなげるため、1つの文の上で目線が行ったり来たりしてしまいます。

※1「塗り絵」とは、Part 7に取り組んでいる途中で時間切れになり、未解答のまま残った問題のマークシートを適当に塗りつぶすことです。

※2 リーディングセクションの解法の一つとして、Part 5、6を20分で終わらせ、Part 7に55分当てて1問1分ペースで解くという時間配分が、よく推奨されています。

②の「繰り返し読み」をする人は、個々の英文は読めていても、それらを関連付けた文書全体の流れを把握できていません。その結果、途中で内容を忘れてしまい、文書の冒頭や忘れた箇所に戻ってしまいます。

③の「訳し読み」をする人は、英文を整った日本語訳にできないと気が済まず、さらに、知らない単語があるとそこで引っ掛かるため、納得いくまで訳に時間を使ってしまいます。

では、こうした読み方を避けるためにはどうすればいいのでしょうか？　実はその答えはシンプル！

英文を頭から「一直線に読む」です。

「一直線に読む」とは？

「一直線に読む（本書では「一直線読み」と命名しました）」とは、英語のネイティブスピーカー同様、**英語の語順通りに情報を吸収していく読み方**です。それは、文単位だけでなく、複数の文から成る文書も**最初の文から最後の文まで順番に読むこと**を意味します。もちろん、英文を読み終わったと同時に、その内容も頭の中に整理されていて、読み直す必要がなくなることまでを含みます。

こうして、**戻らず、繰り返さず、訳さず、1回で文書の内容を把握して設問を解く**ことができれば効率的に Part 7 を解けるので、時間不足になることもなく、取り組める問題数が増え、スコアアップにつながります。

なお、上で「訳さず」と言ったのは「完全な日本語訳は必要ない」という意味です。

「一直線に読む？──それができれば苦労はしないよ」と思った方もいるでしょう。**それを可能にするのが本書です。**

速読は不要？

「速く読めるようになれば、時間内に終えられるのでは？」と考えた方もいるで

しょう。確かに、時間内に解答を済ませることができる読書スピードは、当然ながら必要です。しかし、断言します。Part 7 を時間内に終わらせるのに、**速読と言われるほどのスピードは必要ありません**。

読むスピードは一般に、1 分間に読める単語数で測ります。単位は wpm (words per minute) です。TOEICの対策本の多くは、55分で Part 7 を終わらせるのに目標とする速度を 150 〜 170 wpmとしているようです。

平均的なネイティブスピーカーは 250 〜 300 wpm前後で読みますが、いわゆる速読はさらに速くて 300 wpm以上の速さを指します。

しかし、一直線に読めれば、これほどのスピードは必要ないのです。なぜでしょうか。

Part 7 の文書と設問、選択肢を合わせた全語数はおよそ 5000 語です。これを例えば、120 wpmの速さで一直線に読むと、およそ42分。Part 7 に 55分使えるとすると、選択肢を選んでマークシートに記入する時間が 1 問につき 10数秒確保できます。つまり、一直線に読めるようになれば、**120wpmで十分**と言えます。

「一直線読み」を実現するトレーニング

本書では、一直線に読む力を養うために、さまざまなトレーニングを行います。

①改行リーディング

英語の語順に沿って、意味の固まりごとに改行した文を読み、ネイティブスピーカーが情報を吸収していく流れを確認します。これにより、語順通りに内容を拾っていく読み方の基礎が身に付きます。

②スラッシュリーディング

改行する代わりに意味の固まりごとにスラッシュで区切った文を読むトレーニングです。最初はすでにスラッシュの入った文を読むところから始めて、慣れてきたら自分でスラッシュを入れる位置を決めながら読んでいきます。最終的にはスラッシュを入れなくても、英語の語順に沿って意味の固まりごとに理解して読んでいけるようになることを目指します。

③脳内会話

英語の語順通りに内容を拾っていく際に、次に来る情報を予想しながら読むトレーニングです。頭の中で「いつあるのかな？」→「来月だよ」、「どこでかな？」→「サンライズホテルだって」のように自問自答しながら情報を収集します。これにより、内容が語順通りに理解できるようになるだけでなく、自問して積極的に情報を引き出すので、記憶にも残りやすくなります。

④音声を使ったトレーニング

このトレーニングには以下の３つがあります。

・同時通訳体験

意味の固まりごとに入ったポーズの間に、同時通訳のようにその固まりの部分の訳を口に出し、次々と内容を整理していくイメージをつかみます。

・聞き読み

読み上げられる音声に沿って、文の意味を思い浮かべながら一直線読みしていくイメージをつかみます。

・脳内音読

3段階のスピードで収録された音声に合わせて文書を目で追い、Part 7 を解き終えるために必要な読解スピードの指針120 wpmの感覚を身に付けます。

⑤ビジュアル化

まず、定番フレーズをシンプルなアイコンにビジュアル化することで、一度に処理できるフレーズを長くしていきます。次に、パラグラフごとの内容を１つの簡単な絵にまとめてビジュアル化します。これにより「訳し読み」から脱却します。こうしたビジュアル化は内容の記憶にも役立ちます。ただし、この手法は絵心の有無などによっては、かえって負担になる場合がありますので、全ての人が絶対に身に付けるべき手法ということではありません。

⑥虫食い文読み

「読み方」だけで読解力を強化することはできません。同時に語彙力の強化が不可欠です。しかし、本書は長文の「読み方」に焦点を絞っています。そこで、語彙力の不足を補い、知らない単語や読みにくい文に遭遇しても一直線に読むためのトレーニングとして、「虫食い文読み」に取り組みます。一部の語句が欠けた虫食い文や、文の抜けた段落を読んで、内容を把握する練習です。

本書では、短い文→長い文、短い文書→長い文書、やさしい文書→TOEICの本番レベルの文書、と徐々にトレーニングのレベルを上げていくので、誰でも無理なく取り組めるように設計されています。

そして仕上げには、本番のハーフサイズの模試でトレーニングの成果を測りましょう。

この本のトレーニングを終えるころには、皆さんは「一直線に読む」力を身に付けて、Part 7 を 55 分で完走し、**Part 7 はスコアを稼ぐパートだ**と自信をもって言えるようになっていることでしょう。

そんな自分をイメージして、さあ、早速始めましょう！

岩重理香

CONTENTS

Part 7とは?

本書で扱う TOEIC L & R テストの Part 7 の出題形式について説明します。

問題形式と出題数

文書の数：23個
設問の数：54問
目標時間配分：約55分

出題される問題形式と設問の数は以下のとおりです。

- ▶ シングルパッセージ (SP)：1つの文書に対して設問が2〜4問。
  10セット29問。
- ▶ ダブルパッセージ (DP)：関連する2つの文書に対して5つの設問。
  2セット10問。
- ▶ トリプルパッセージ (TP)：関連する3つの文書に対して5つの設問。
  3セット15問。

上記の順番で出題されます。DPやTPは文書同士の関係性が解答のカギになります。先に読んだ文書の内容を頭に置きながら、重複する情報が出てきたら注意して読みましょう。

文書の種類

このパートには以下のような文書が出題されます。それぞれの特徴を押さえておくと読みやすくなります。

❶ メール、手紙、社内回覧

ヘッダーには送信者名ほか重要な情報が含まれているので必ず目を通しましょう。ビジネスメールや手紙では「目的→詳細→対処あるいは依頼」といった定番の流れがあります。

❷ 告知、広告

何に関してどんな情報を伝えようとしているのかを意識して読みましょう。

❸ 記事、レビュー

タイトルと最初のパラグラフで概要がつかめると、残りの部分をスムーズに読み進められます。

❹ 求人広告

「職種→仕事の内容→応募資格→応募方法」のように、情報が知りたい順に並んでいます。応募資格では「必須 (required)」と「望ましい (preferred)」など、条件の違いに気を付けましょう。

❺ スケジュール、旅程、会議事項

文書の文字数は少なめです。DPやTPでは、ほかの文書に予定の変更が述べられるなど、文書間の関係性が重要になってきます。

❻ テキストメッセージ、オンラインチャット

2人以上の間でのスマートフォンのメッセージやオンラインチャットでのやり取りです。緊急の問題への対応や打ち合わせ、カスタマーサービスでのやり取りが多く扱われます。

❼ 取扱説明書、保証書

自分がその製品を持っている、あるいはその製品に興味があるつもりで読むと、情報が記憶に残りやすくなります。

❽ ウェブページ

正解のヒントは、メイン画面上の本文だけでなく別のページにリンクするタブにもあります。レイアウト全体を見ましょう。

❾ フォーム (送り状、請求書、申込書など)

各フォーム (書式) には、それぞれ特有の型があります。その型を知っておくと、スムーズに読めます。

どの文書も途中を読み飛ばしてしまうと、思い込みで選択肢を選んだり、読み直しに時間を費やしたりしかねません。本書で薦める一直線読みで、情報を漏らさず、一度で読めるようになりましょう。

本書の構成と使い方

本書は下の図に示したように4つのパートから構成されています。各パートに登場するトレーニングは、英文の長さが徐々に長くなるなど、少しずつレベルが上がっていく構成になっています。各パートの役割をしっかりと理解してから、学習を進めましょう。

1. 全体構成

① 導入パート	本書の核となるスラッシュリーディングと、スラッシュリーディングの感覚を身に付けるための3つのトレーニングを紹介。学習前の読解スピードも測定します。
② アドバイスパート	一直線読みをしながら英文の内容を記憶にとどめるための方法や、英文の読解中に知らない単語や表現に出合ったときの対処法を紹介します。
③ 実践パート	長文やTOEIC形式の英文を読みながら、一直線読みを身に付けます。
④ 最終確認パート	学習後の読解スピードを測定し、学習前と比較して成果を確認します。さらに、本番のTOEIC Part 7のハーフ模試（本番の半分の問題数）に挑戦して総仕上げをします。

2. 各パートの構成

① 導入パート

序章：　学習を始める前に（読解スピードの測定）
　　　　本書で学習する前の英文読解スピードを測定します。まずここで自分の現状を把握してください。

第1章：改行リーディング
　　　　意味の固まりごとに改行した英文を読み、返り読みをせずに語順通りに情報を吸収していく練習をします。いわば一直線読みのための

準備運動です。次に出てくる情報を予測しながら読む「脳内会話」
も試してみましょう。

第2章： スラッシュリーディング

改行の代わりに、意味の固まりごとにスラッシュの入った英文を読むことで、語順通りに英文を読むための基礎固めをします。これ以降の本書の基本トレーニングとなりますので、しっかり取り組んでください。

第3章： 音声を使ったトレーニング

「同時通訳体験」「聞き読み」「脳内音読」という３つのトレーニングで、英文の意味を取りながら、目安の120wpmで読み進める感覚を身に付けます。繰り返し読みを防ぐために、音声を聞きながら行うのがポイントです。

② アドバイスパート

第4章： 定番表現のビジュアル化

TOEICに頻出の定番表現をビジュアル化することで、情報の処理速度を速めます。

第5章： まとまった文書のビジュアル化

個々の英文を訳して記憶するのではなく、パラグラフごとに内容をビジュアル化することで、「訳し読み」を卒業し、内容の記憶力も高めます。

第6章： 知らない単語に出合ったら

長文を読んでいる最中に知らない単語や意味の取りにくい表現に出くわすと、そこだけ情報が欠落してしまいます。そうした部分を黒く塗りつぶして虫食い状態にし、**意味の分かる部分だけを読んで全体の内容を推測する**トレーニングです。

③ 実践パート

第7章： 長文読解エクササイズ

TOEICによく出るタイプの文書を読みながら、**より実践的に、こ**

れまでのトレーニングの成果を試します。短い文書から始めて、徐々に長いものに挑戦します。

第8章：TOEIC形式の長文読解でエクササイズ
TOEIC形式の設問が付いた文書を読んで、Part 7 を時間内に読むための予行演習をします。

④ 最終確認パート

終　章：学習の終わりに（読解スピードの再測定）
最後に英文読解スピードを再度測定して、学習成果を確認します。

ハーフサイズ模試：本番の Part 7 の半分の問題数の模試で学習の総仕上げをします。

3. 無料ダウンロード音声の使い方

第 3 章、第 7 章、第 8 章、ハーフ模試に掲載された英文の本文部分を120wpm前後のスピードで読んだ音声が、無料でダウンロードできます。Part 7 を時間内に解き終えるための目安となる読解スピードを体感し、そのスピードに合わせて英文の意味を理解しながら一直線読みする練習に活用してください。音声が収録されている英文には音声マーク（ 🔊 001 ）が付いています。
音声の入手方法は p. 14 の「【無料】ダウンロード音声について」を参照してください。

4. 赤シートの使い方

意味の固まりの目安として各英文に入っているスラッシュと、英文の訳例は、赤色にしてあります。付属の赤シートをかぶせるとこれらが見えなくなるので、自分で意味の取りやすい、読み進めやすい位置で区切りながら、訳を見ずに一直線読みをすることができるようになってます。

スラッシュリーディングがうまくできるようになるまでは、赤シートなしで、スラッシュの位置や訳例を参照しながら学習し、うまくできるようになったら、赤シートをかぶせて、英文のみの読解に挑戦しましょう。

2. **We collaborate/with such organizations/to support/**
　　誰と？　　　　　　何のために？
　私たちは協力する /その様な組織 /支援するために/
a variety of activities.//
　さまざまな活動を。

3. **The device allows/users/to watch movies/or/**
　　　　　　　　　　　　　　何を？
　その機能が可能にする /ユーザーに/映画を見ること /あるいは/
listen to music/comfortably.//
　音楽を聴くこと /快適に。

EXERCISE 1

では、スラッシュリーディングをしてみましょう。スラッシュごとに意味を取りながら読んでください。意味が取れているかどうか確認したいときは、赤シートで訳例を隠してから、スラッシュごとに横にずらしながら読んでください。レベルごとにスラッシュの区切りの間隔が長くなります。レベル3はスラッシュがないので、自分なりの区切り方で読んでください。

レベル1

1. Rachel's team tested over 20 home printers and photocopiers.//
　レイチェルのチームは /テストした20以上の家庭用プリンターとコピー機を/

2. The natural paints make the product environmentally friendly.//
　その天然塗料は /製品を作る /環境に優しい/

3. Snacks and refreshments will be served following the ceremony.//
　軽食と飲み物が /提供される /セレモニーに続いて/

4. I'm having issues with my automatic payment.//
　私は抱えている /ある問題を /自動支払いについて/

5. She took over Mike's position three months ago.//
　彼女は引き継いだ /Mikeの職を /三ヶ月前に/

6. The company shifted its focus to public works.//
　その会社は /移した /その焦点を /公共事業に/

7. At YDRI Inn, our mission is to provide our guests/
　YDRI イン において /私たちの使命は /提供することだ /お客様に/
with the finest services.//
　最高のサービスを。

8. The institute provides a productive learning environment/
　その機関は提供する /生産的な学習環境を/
for only $399.99 a month.//
　ひと月たった $399.99 で。

【無料】ダウンロード音声について

本書の音声はすべて、スマートフォンやパソコンに無料でダウンロードできます。
ぜひ、活用してください。

  スマートフォンの場合

語学のオトモ ALCO【無料】
再生スピードの変更（0.5倍〜3倍）や数秒の巻き戻し・
早送り、リピート再生などが可能になります。

❶ 語学学習用アプリ ALCO のダウンロード
スマホに、アルクが無料提供している
アプリ「語学のオトモ ALCO」をダウンロード。
※ App Store、Google Play から「ALCO」で検索

❷ ログイン
アルクのメールアドレス ID とパスワードでログイン。
※ ID をお持ちでない方は新規登録（無料）が必要です

❸ 本書の音声をダウンロード
ALCOのホーム画面から「ダウンロードセンター」をタップ。
本書の商品コード**7020001**で検索し、ダウンロードして
ください。

すでに ALCO 入手済みの方はこちらから ⟶

 パソコンの場合

以下のサイトで本書の商品コード
7020001で検索してください。
アルクのダウンロードセンター

↓

https://www.alc.co.jp/dl

※ ALCOのサービス内容は予告なく変更する場合がございます。あらかじめご了承ください。

序章

学習を始める前に

最初に自分の英文読解速度を
測定してみましょう。

1. 読解速度を測定してみよう

学習を始める前に、Part 7 に登場するような文書を自分がどのくらいの時間をかけて、どのように読んでいるのか、次のページの英文で確認してみましょう。読解速度とは英文の内容を理解しながら読み進めた場合の速度のことで、1分当たりに読み進められた単語数(words per minute = wpm)を算出して用います。

事前準備

・本書、スマートフォンのストップウオッチ (など時間を計測できるもの)、電卓を用意する。
・知らない単語や表現の数に左右されない読解速度を測定したいので、事前に語注を確認し、知らなかった表現を覚えてから読み始める。

測定手順

① ストップウオッチをスタートし、内容を理解しながら英文を読む。
② 最後まで読み終わったら、ストップウオッチを止めて、かかった時間を記録。
③ p.17 にある内容確認問題に取り組んで内容の理解度をチェック。
④ ②で計った時間を下記の計算式に入れて読解速度 (wpm) を算出する。

計算式

① かかった時間を秒に直します。例えば1分15秒かかった場合は75秒となります。
② 今回読む英文の単語数は 122 wordsなので、計算式は
　　　122÷かかった時間 (秒) ×60
　　　となります。例えば75秒 (1分15秒) かかった場合は、
　　　122÷75×60 = 98wpmです。

測定開始

語注に目を通してから測定してみましょう。

語注：□ quarterly magazine　季刊誌
　　　□ your earliest convenience　都合がつき次第なるべく早く
　　　□ take full advantage of ~　～をフル活用する
　　　□ As you may be aware　ご承知の通り　□ essential 不可欠な

ストップウオッチをスタートして、ある手紙の本文部分を読んでください。

Thank you for joining our academic community for professors which has been growing rapidly since we established our organization three years ago. Please find enclosed your membership card and temporary password along with our quarterly magazine. We ask that you log in to our Web site at your earliest convenience in order to take full advantage of our services.

As you may be aware, new members may attend conferences for free for the first six months after joining our community. It is essential that you pre-register online in order to take advantage of this system. Our next conference will be held from Thursday, March 20 in Anaheim. Please refer to our Web site for more information. We hope to see you there!

かかった時間　　　分　　　秒

内容確認問題

英文の内容と一致していたら T に、一致していなければ F に○を付けましょう。

1. この手紙は雑誌の定期購読を申し込んだ人に送られてきたものだ。　　　T / F
2. 提供されるサービスを活用するためにオンラインで手続きをしなければならない。
　　　　　　　　　　　　　　　　　　　　　　　　　　　　　　　　　　T / F
3. メンバーは誰でも会員証の提示で会議の参加費が免除される。　　　　T / F

正解：1. F　2. T　3. F

内容は正しく理解できていましたか。では読解速度を計算しましょう。

あなたのwpm

122÷かかった時間（秒）×60＝＿＿＿＿＿＿＿＿　wpm

Part 7を55分で完走するのには、一直線に読めれば120wpmの速さで十分です。いかがでしたか。

判定

120wpmに達成していない人
戻り読みや訳し読みをしていませんか。

120wpm以上で読めたが、本番では時間が足りない、あるいは、内容確認問題で全問正解できなかった人
時間を計っているためにいつもより急いで読もうとして、内容理解が不完全のまま読み進めていたのかもしれません。また、いつもは納得するまで繰り返して読んでいるのかもしれません。どちらの場合でもTOEICテスト本番では今回測定された速度よりゆっくり読んでいると考えられます。

本書でさまざまなトレーニングを積んで、こうした問題点を解消し、一直線読みを身に付けていきましょう。

2. 自分の読み方を見直してみよう

ここでは実際に、訳し読み、戻り読み、繰り返し読みをしていなかったかを、今読んだ手紙の中の文を使って確かめてみましょう。

例えば次の英文は、どのように読み進めましたか。

質問です。
・最初に日本語に直した単語は何番の英単語ですか。
・askは何番目に意味を取りましたか。

おそらく、次のように訳した人が多いのではないでしょうか。

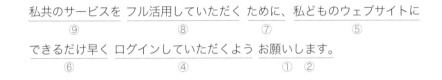

この訳例のように、最初に our servicesから解釈し始めた人や、主語のすぐ後に続いている動詞（上の場合には ask）を最後に訳した人は、日本語の語順に合わせた「訳し読み」をしています。さらに、訳し読みをすると戻り読みもしてしまう傾向があります。

英文が長く、接続詞や関係詞を含む場合、日本語の語順に合わせて解釈しようとすると、必然的に戻り読みをしなければならなくなるからです。

3. 戻り読みや訳し読みをしない 読み方とは?

戻り読みや訳し読みをせずに英語の語順通りに読んでいる人たちは、先ほどの英文をどのように読み進めているのでしょうか。次の訳例を見てください。

We ask
私たちは頼みます、

that you log in to our Web site at your earliest convenience
[次のことを] あなたがログインするのを、私たちのウェブサイトに、できるだけ早く、

in order to take full advantage of our services.
[次のことを] するために、フル活用を、私たちのサービスの。

英文と同じ順序で訳例が並んでいます。日本語としては不自然なところはありますが、内容は理解できますよね。そして、この日本語文には英文にはない読点 (、) が付いていたり、英語にはないフレーズが補われたりしています。

この訳例を声に出して読んでみてください。何かに似ていませんか。そうです、テレビなどで聞くことがある同時通訳の日本語に似ているのです。話し手が話した内容をすぐに聞き手に受け渡すために、同時通訳ではこのようにある程度の固まりごとに元の言語の語順に近いままで訳されます。少しぶつ切りのように感じられることもありますが、内容を理解するのにひどく困ることはないでしょう。

あなたの脳内で自分のための同時通訳のような作業をする、それが戻り読みや訳し読みをせずに一直線に読む読み方です。自分のための作業なので、自分さえ意味が取れれば十分です。もっと言うと、部分的に英語が残っていても理解ができれば十分なのです。

通訳を目指す人たちは、この訳し方を身に付けるのにサイトトランスレーションと呼ばれる、英文の読み方のトレーニングをしています。これは英文を読むときに、目に入ってきた情報を左から右へそのまま後戻りをしないで処理していくトレーニングです。とはいえ、単語単位で訳していったのでは通じる訳にはなりませんから、意味の固まりごとに訳していきます。上の日本語訳の読点が入っている所が意味の切れ目です。

今度は、英文にも意味の固まりごとにスラッシュ（ / ）を入れてみましょう。

> We ask/that you log in/to our Web site/at your earliest
> convenience/in order to/take/full advantage/of our services. //

このようにスラッシュを入れながら英文を読む方法は、**スラッシュリーディング**と呼ばれています。**スラッシュを入れる場所には厳密なルールがあるわけではなく、自分にとって意味が取りやすく、そして後戻りしないで読める場所に入れて**いきます。詳しくは第2章を参照してください。

スラッシュリーディングは語順通りに理解していく読み方に近づく手段の一つです。ただし、本書の最終的な目標は、**スラッシュの入っていない英文を、最後まで「一直線に読み」、その上で内容も理解できるようになる**ことです。

4. 繰り返し読みをしてしまう理由

ところで、先ほどの内容確認問題の1問目は簡単に正解できましたか。読んだはずなのに間違えてしまった人は、普段は繰り返し読みをして内容を確認しているのに、今回は一直線に読み通した結果、記憶があいまいになってしまったのかもしれません。

繰り返し読みをしてしまうのには、
・**英文を読みながら内容を頭の中で整理したり要約したりすることに、慣れていない。**
・**読むので精いっぱいで整理や要約まで至らない。**
など複数の原因が考えられます。
原因が複数なら、解決方法も一つではありません。

本書では、情報の整理や要約のコツも紹介し、体験していきます。第7章と第8章では合計で25セットのパッセージを読み、そのたびに内容確認問題に取り組むことで、パッセージが伝えようとしている大切なメッセージを要約する力やストーリーの流れをつかむ力を向上させます。

5. 120wpmの速度を体感しよう

序章の仕上げとして、先ほど読んだ文書を120wpm程度の速さで読んだ音声を聞きながら、スクリプトを目で追ってみましょう。指でなぞりながら読んでも構いません。
※音声の入手方法はp.14をご覧ください。

🔊 001

Thank you for joining our academic community for professors which has been growing rapidly since we established our organization three years ago. Please find enclosed your membership card and temporary password along with our quarterly magazine. We ask that you log in to our Web site at your earliest convenience in order to take full advantage of our services.

As you may be aware, new members may attend conferences for free for the first six months after joining our community. It is essential that you pre-register online in order to take advantage of this system. Our next conference will be held from Thursday, March 20 in Anaheim. Please refer to our Web site for more information. We hope to see you there!

どうでしたか? TOEICのPart 4（約170wpm）よりはずいぶんとゆっくりですよね。この速さで読解できれば、Part 7の完走は目指せるのです。
※測定に使用した文書全体の訳例はp.217に掲載しています。

1

第1章
改行リーディング

Part 7 のパッセージ全体を
一直線に読めるようになるために、
最初は 1 文単位で、語順通りに
意味を取る練習から始めましょう。

1. 戻り読みしないための第一歩

序章で見たように、英語と日本語は語順が大きく異なっているので、私たち日本人は英文を理解するのに大変な苦労を強いられています。きちんとした日本語に訳す際には、語順を入れ替えなければなりません。しかし、TOEICで長文を読むときは、翻訳をするわけではないので、語順を入れ替える必要はありませんよね？

当たり前ですが、**英語ネイティブは、英語の語順のままで文の内容を理解**しています。ならば、私達も英文を読むときは、英語の語順通りに理解する方が理にかなっていますし、処理スピードも上がるはずです。

「はじめに」でも説明したように、「一直線に読む」、つまり戻り読みしないで語順通りに読むということは、ネイティブと同じ読み方をするということです。

ネイティブはどのように読んでいるのか？

では、ネイティブは英文をどのように理解しているのか、確認しておきましょう。例えば、**New members attend conferences.** という文だったら、ネイティブはこのように理解します。

New members
新会員は

attend
参加する

conferences.
会議に

ネイティブは、
「新会員は」→「参加する」→「会議に」
の順番で、情報を処理します。
「誰が」→「どうする」→「何に（何を）」
の順番です。これが英語の基本の語順で、ネイティブはこの順番で文の意味を理解しています。対して、日本語の順番は
「新会員は」→「会議に」→「参加する」
ですが、英文の意味を理解する上では、「新会員は」→「参加する」→「会議に」の順でも問題はありませんよね？

確かに、英語の語順に沿って訳すと、日本語としては言葉の並び順が多少不自然にはなりますが、「意味」が取れていればいいのです。出てくる英単語の全てを日本語に置き換える必要もありません。

もちろん、**The project will begin on February 3.** のような、物が主語の英文でも同じです。

The project
そのプロジェクトは

will begin
始まる

on February 3.
2月3日に

「そのプロジェクトは」→「始まる」→「2月3日に」の順で理解できましたか？「何が」「どうなる」「いつ」の順番です。これは「**主語（S）**」＋「**動詞（V）**」＋「**時を表す付加情報**」となっています。助動詞willは動詞とまとめて意味を取れますね？また、この文でbeginは自動詞なので目的語は不要です。

もう一つ、**We must keep the kitchen clean.** も語順通りに理解してみましょう。

We
我々は

must keep
保たなければならない

the kitchen
キッチンを

clean.
清潔に

「我々は」→「保たなければならない」→「キッチンを」→「清潔に」の順番。日本語としては自然ではありませんが、文意は十分取れますよね。「誰が（は）」「どうする」「何を」「どのように」という順番になっています。これは、「**主語（S）**」＋「**動詞（V）**」＋「**目的語（O）**」＋「**補語（C）**」の順です。

このように、主語が省略できる日本語と違って、英語は「**主語（S）**」＋「**動詞（V）**」で始まるのが基本です。言い換えれば、文を構成する上で最も大事な情報の順に

並んでいるとも言えます。命令文を除けば、すべての文（平叙文）は以下の順番で並んでいます。

誰が／何が → どうする／どうなる → 何を／どのように／いつ／どこで、など
主語（S）　　　　　**動詞（V）**　　　　目的語（O）／補語（C）／付加情報

この主語と動詞が文で一番大事な情報であり、目的語や補語、そのほかの付加情報は、その次に大事な情報を付け加えるものだと考えることができます。
「一直線読み」をするには、この順番で情報を整理して意味を理解することが欠かせません。すぐにできなくても大丈夫です。徐々に慣れていきましょう。

ただ、実際には、主語の前に副詞句がきたり、名詞が形容詞や関係代名詞で修飾されたりするので、もっと複雑な構成になることが多いのですが、それらは後ほど見ていくのでご心配なく。

2. 改行リーディングで語順を体得

では、後戻りしづらいように強制的に意味の固まりごとに改行した英文を読んで、ネイティブ同様、英語の語順通りに内容を理解する練習＝「改行リーディング」をしましょう。これは、第2章のスラッシュリーディングのウォームアップに当たります。最初なので、意味の固まりの区切りは最小単位から始めます。

赤シートで英語の下の訳例を隠して、英文を上から下へ読んで意味を取ってください。赤シートをずらし、理解できているかを訳例で確認しましょう。きれいな日本語になっていなくていいのです。意味の固まりごとに、英文の流れに沿って内容を理解できればOKです。

1. 基本の5文型
① **The race has started.**（S+V）

　　The race（S）
　　レースが（何が）

　　has started.（V）
　　始まった（どうした）

② **Applying online is easy.** (S+V+C)

Applying online is (S+V)
オンラインで登録することは（何が）

easy. (C)
簡単だ（どうだ）

Tip この文型は主語と動詞をまとめた方が理解しやすい。

③ **A representative will contact us.** (S+V+O)

A representative (S)
担当者が（誰が）

will contact (V)
連絡を取る（どうする）

us. (O)
私たちに（誰に）

④ **The manager gave the guest the gift certificate.** (S+V+O+O)

The manager (S)
マネジャーが（誰が）

gave (V)
渡した（どうする）

the guest (O)
客に（誰に）

the gift certificate. (O)
ギフト券を（何を）

⑤ **The new material makes our product more long-lasting.** (S+V+O+C)

The new material (S)
新しい素材は（何が）

makes (V)
する（どうする）

our product (O)
われわれの製品を（何を）

more long-lasting. (C)
より長持ちに（どのように）

2. 受動態
All calls are recorded.

> **All calls**
> すべての通話が（何が）

> **are recorded.**
> 録音される（どうする）

> **Tip** 受動態の文や、次に紹介する進行形の文では、be動詞と続く動詞の分詞をまとめた方が理解しやすい。

3. 進行形
Our annual camp is coming up next weekend.

> **Our annual camp**
> 毎年のキャンプが（何が）

> **is coming up**
> 近づいている（どうなる）

> **next weekend.**
> 来週に（いつ）

4. 命令文
Pleas show your server the gift certificate.

> **Pleas show**
> 見せてください（どうする）

> **your server**
> 給仕係に（誰に）

> **the gift certificate.**
> ギフト券を（何を）

付加情報を連れてくる4つの目印と「脳内会話」

p. 24で見たNew members attend conferences.は、「新会員は/参加する/会議に」と意味が取れますが、これだけでは情報が足りないと感じませんか？「いつ？」「どこで？」「どのように？」などの疑問がわくはずです。

実は、この文は、以下が原文です。

> **New members may attend conferences** for free for the first
> six months after joining our community.

実際、上の文ではfor 以下に、それらの疑問を解消するような詳細情報が付加されています。

そこで、こういった足りない情報（付加情報）を足す役割をする目印を紹介しましょう。この目印を知っておくと、意味の区切りも見つけやすくなります。

目印①―前置詞

足りない情報を足す役割をするものの一つが前置詞です。つまり、前置詞がきたら、その後に詳細な情報が続くことが分かるのです。

そこで、前置詞を見たら「ここまでの内容にはどんな情報が足りない？」「この次はこんな情報が続くはず」などと、頭の中で自問自答してみましょう。このように脳内で積極的に会話をしながら情報を探していくと、語順通りの理解がよりスムーズになります。

以下の吹き出しで示したような脳内での会話を、本書では「脳内会話」と呼びます。

> **New members may attend conferences for free for the first**
> **six months after joining our community.**

New members
新会員は

may attend　　←mayは動詞に関係する情報を加える助動詞
参加することができる

conferences
会議に

> 参加には何か条件があるのかな？

for free
無料で

> 無料はいいね！　期間は？

for the first six months
最初の6カ月間

> 6カ月限定か。まだ条件が？

after joining our community.
コミュニティーに参加した後で

> 新会員向けの限定お得情報ってことね。

では、次のようなイベントの案内の文はどうでしょう。

Our annual event will take place on June 20 from 10 A.M.
to 3 P.M. at Coyote Woods Park.

赤字の部分はeventの「日時」「場所」を知らせる付加情報です。こうした情報は、前置詞（on、from、to、at）が連れてきてくれます。

このような文の意味を取ろうとする時に「6月20日の午前10時から午後3時にCoyote Woods Parkで、年1回のイベントを…」のように後ろから訳していませんか。

でも、これと同じ内容が、下に示したような招待状として提示されたら、どの方向で読みますか。上から下へと順に情報を読み取りますよね。

Invitation
for
Our annual event
June 20
From 10 A.M. *To* 3 P.M.
At Coyote Woods Park

上から下へと読みながら、頭の中は
「何々、ご招待か。年次イベントね。6月20日、（時間は？）10時から3時か。で、会場は……？」
といった感じでしょう。ならば、同じ順序でできている文も同じように前から読

めるはず。

頭の中でこんな自問自答の
会話をしながら情報を整
理している様子をイメージ
してみてもいいでしょう。

では解説はこれくらいにして、皆さん自身で語順に沿って英文の意味を取ってみ
てください。

EXERCISE 1

英文と訳を赤シートで隠し、英文を改行ごとに上から下に読んで、語順通りに意
味を取ってみましょう。意味が取れているか確かめるには赤シートを少しずつず
らし訳例で確認してください。

① | **We pride**
    私たちは誇りにする

    ourselves
    自分たちを（どんなことで？）

    in preparing the best meals.
    最高の食事の準備で

② | **Participants will learn**
    参加者たちは学ぶ（何を？）

    about the history
    歴史について（どこの？）

    of the city.
    この町の

③ **We cannot use**
私たちは使用できない

the meeting room
その会議室を（なぜ？）

due to the renovation.
改装工事のために

④ **Music performances**
音楽の演奏が（誰の？）

by local high school students
地元の高校生たちによる

will happen
行われる（いつ？）

before dinner.
夕食の前に

⑤ **I have**
私はある

a problem
問題が（何に？）

with my bank account.
銀行口座に

⑥ **A welcome luncheon**
歓迎の昼食会は

will be followed
後に続かれる（何に？）

by a brief staff meeting.
短いスタッフミーティングに

このように前置詞は、①のinのように文全体を、②のaboutのように自動詞（learn）を、④のbyのように主語（music performances）、⑤のwithのように目的語（problem）をそれぞれ修飾する、さまざまな付加情報を連れてきます。またその情報の内容も、場所、理由、手段など多岐にわたります。

⑥の英文は意味の解釈に戸惑うかもしれませんが、この文を単純化するとA is followed by B.（AはBに後から追われている、続かれている）、つまり「Aの後にBが続く」ということです。followの受動態が出てきたときには、このAとBの発生順をしっかり捉えましょう。

32

目印②—to不定詞

次の英文の意味を取ってください。

> **We operate many programs to support the community.**

ここに出てくるto不定詞も、「地域を支援するためのプログラム」のように、日本語の語順に合わせて後ろから訳しがちな要素の一つですが、**不定詞も前置詞と同じように付加情報を連れてくる**と考え、前から理解しましょう。

では、意味の固まりごとに改行したものを脳内会話をしながら読んでみます。

We
私たちは

operate
運営している

many programs
多くのプログラムを

何のための？

to support
支援するための

何を？

the community.
地域を。

ここでのto不定詞（to support）は、その前の部分への付加情報を提供しています。

EXERCISE 1と同じ手順で意味を取ってみましょう。

① | **You**
あなたは

may be asked
頼まれるかもしれない（何を？）

to wait
待つことを

outside the conference room.
カンファレンスルームの外で。

② | **I**
私は

got
手に入れた（何を？）

the key
鍵を（何のための？）

to unlock
開錠するための

the door.
ドアを。

③ | **She**
彼女は

stopped
立ち寄った

by the counter
カウンターに（なぜ？）

to pick up
受け取るために

a booklet.
冊子を。

to不定詞には「名詞的用法」「形容詞的用法」「副詞的用法」がありますが、語順に沿って内容を理解さえできれば、**用法の違いを意識する必要はありません**。不定詞の前の情報がどのような付加情報を必要としているかで「〜すること」「〜のための」「〜する（ために）」は自動的に決まります。

これも英語ネイティブの立場で考えれば当然ですね。彼らは、文の内容を理解しようとしているときに「このto不定詞の用法は…」とは考えていないでしょう。話の道筋に沿って選んだ結果、3つの用法のどれかに当てはまっているだけです。このような無意識な使い分けこそが、その言語のネイティブの証しなのです。

ただし、「読解には文法は必要ない」と言っているのではありません。外国語として学ぶ私たちは、あくまでもto不定詞がどんな役割をするのか（文法）を知っていてこそ、その中から意味を取るのに自然な形を選べるのです。その上で、読むことを繰り返しながら英語の感覚を磨いていきましょう。

目印③—接続詞

次に紹介するのは接続詞です。接続詞は節を導く語ですから、その後には単語や句よりも大きな付加情報が連なります。
ここで、序章で使った英文をもう一度見てみましょう。

> **We ask** that you log in to our Web site at your earliest
> convenience **in order to take full advantage of our services.**

この英文を読んだとき、日本語の語順では「私たちは○○をお願いします」となるので、○○に相当するthat以下の節を先に訳したくなりますね。例えばこんな感じです。

「私共のサービスをすべて受けていただくために、私共のウェブサイトにできるだけ早くログインしていただくよう**お願いします**」

しかしthat以下は、We ask（私たちはお願いします）で始まる依頼の内容を具体的に伝える付加情報なのです。

従ってthatという接続詞の部分で改行して解釈していくことができます。上の英文を少しシンプルにして見てみましょう。

> **We ask that you log in to our Web site.**

We
私たちは

ask
依頼する

何を？

that
次のことを／それは

you
あなたが

log in
ログインする

to our Web site.
ウェブサイトに。

節は１つの文として扱うことも可能なので、この英文は「私たちは依頼します」「あなたがウェブサイトにログインすることを」の２文に分けられます。しかし、このように２つの文を並べて頭から読んだだけでは分かりにくいので、意味を取るときは、次のような補助を入れてみましょう。

「私たちは依頼します。**それは**、あなたがウェブサイトにログインすることです。」

「節」はその文の「部品」として目的語になったり、文中の語を後ろから修飾したりします。なので、節の部分は戻り読みして訳したくなりますが、語順通りに理解していくように心掛けましょう。これはthat以外の接続詞でも同じです。

EXERCISE 3

EXERCISE 1と同じ手順で意味を取ってみましょう。

① **The discount**
割引は

will be applied
適用されるでしょう

<u>**if**</u>
もしも〜したら（何を？）

you
あなたが

book
予約する

through our Web site.
ウェブサイトを通して。

② **Use**
利用してください

our service
私たちのサービスを

<u>**so that**</u>
そうしたら（どうなる？）

important phone calls
大切な電話は

are never missed.
もう逃されない。

③ **I**
私は

was excited
ワクワクした

<u>**when**</u>
そのとき（どのとき？）

I was notified
私が知らされた

of the result.
結果を。

④ | **The TV crew**
TV局の人たちは

asked for
求めた

our permission
我々の許可を

    before
    〜に前もって（何に？）

    they
    彼らが

    filmed us.
    私たちを撮影した。

⑤ | **Although**
    〜ではあるけど（〜の部分は何？）

    no complaints
    いかなる苦情も

    have been reported,
    報告されていない、

we
私たちは

take
受け止める

the matter
その件を

seriously.
深刻に。

目印④—関係詞

関係（代）詞が導く節は、先行詞を補足説明するためのただし書きが書かれたプラカードと考えると、文全体が理解しやすくなります。

関係代名詞whoを含む次の文を見てみましょう。

> **Our bilingual operators** who speak both Japanese and English **will answer calls for you.**

この文も「日本語と英語の両方を話す私たちのバイリンガルのオペレーターたちが、あなたのために電話に応答します」と、whoが導く関係詞節から訳したくなります。

でも接続詞同様、関係詞も節の形の付加情報を連れてきているのですから、文を分割すれば語順に沿って理解できそうですね。まずは各要素で改行して、構造を確認しましょう。

Our bilingual operators
私たちのバイリンガルのオペレーターは

何をするの？

who
その人（オペレーター）たちは

speak
話す

both Japanese and English
日本語と英語の両方を

関係詞節はここまでだな。

will answer
応答する

このwill answerの主語はOur bilingual operators。

calls
電話に

for you.
あなたのために。

関係詞も接続詞も節をつなぐという点では同じですが、接続詞はそれぞれに主語を持つ、2つの独立した情報をつなぐのに対し、**関係詞は先行詞の付加情報を文の途中に挿入しています。**

例えば上の文の関係詞節は、右のイラストのように、自分たちはどんな人物なのかという付加情報が書かれたプラカードを、先行詞であるoperatorsが持っているイメージです。

They (who) speak both Japanese and English

従ってこの文も、
「私たちのバイリンガルのオペレーターたちは、話します、日本語と英語の両方を、

（そのオペレーターたちが）応答します、電話に、あなたのために」
のように、付加情報が途中に挿入されていると解釈して読み進めましょう。

EXERCISE 4

EXERCISE 1と同じ手順で意味を取ってみましょう。

① | **We**
私たちは

are seeking
探している

a training assistant
トレーニングアシスタントを

　　　whose
　　　その人の（その職の）

　　　main responsibility is
　　　主な仕事とは

　　　to organize workshops.
　　　研修を計画すること。

② | **Participants**
参加者は

must be free
逃れていなければならない

of health issues
健康問題から

　　　that
　　　それは（その健康問題とは）

　　　prohibit
　　　禁じる

　　　long-distance walking.
　　　長距離の歩行を。

③ | **The software**
ソフトウエアは

    which
    それを（そのソフトウエアを）

    we
    私たちが

    utilize
    活用しているのだが、

will be on display
展示される

in the room.
その部屋で。

①や②の関係詞節は、前の節の目的語や補語となっている先行詞の付加情報として挿入されています。一直線読みする場合には先に触れたプラカードのイメージを頭に置いたり「それは」「ただし」「すなわち」などの補助語を入れたりして、語順通りに読み進めましょう。

③の The software which we utilize will be on display in the room. ならば「ソフトウエア、ただし私たちが活用しているものが、展示される、その部屋で」のようになります。

この章のまとめ

・英語の語順通りに解釈するには、「誰が、どうした」という文の肝の部分と、「何を、どんなふうに、いつ、どこで」といった付加情報の部分を意識しながら読むことが大切。
・付加情報を導く目印には、「前置詞」「to不定詞」「接続詞」「関係詞」がある。

同時通訳者に聞く、一直線読みのコツ　その1

プロの通訳者は、外国人が話す英語をどのように聞き取って日本語に置き換えているのでしょうか。その道筋が分かれば、一直線読みにも役立ちそうです。そこで同時通訳者の森田系太郎さんと中井智恵美さんに5つの質問をしてみました。果たしてお2人の回答は…。

Q.1 同時通訳をする際、聞こえてくる英語を、どこで区切って訳しますか。1文単位で訳しますか？　もしもっと短く、1文をいくつかに分けて訳すのであれば、どこで区切りを入れますか？

森田：短い文であれば、1文単位で訳した方が自然な日本語に聞こえます。しかし、話し手の一文が長くなったときは、同時通訳では文が終わるまで待っている時間はないので、**聞こえてきた順にどんどん訳出します。**

中井：文の長さによりますが、1文が終わるのを待って訳すと遅くなるので、いくつかに分けて訳すことが多いです。
主語は日本語でも英語でも最初に登場しますので、主語が聞こえたらすぐに訳し始めます。
述語動詞も、なるべく早めに口に出しますが、あまり早く訳出すると日本語として不自然になることもあるので、そういうときは、その後の情報を待って最後に訳します。
関係詞は、先行詞を訳して、続けて説明を付け足す感じで訳します。
どうしても英語の語順通りに訳せない部分は、頭の片隅に置いておいて、話者の英語を聞きながら処理していきます。
ただし、TOEICのリーディング問題の場合のように、ほかの人に訳を理解させる必要はなく、**自分さえ英文の意味が理解できればいいということなら、基本的にすべて英語の語順のまま直訳して処理することは可能です。日本語としては不自然でも支障はないのですから。**

　→Q.2はp.98、Q.3とQ.4はp.110、Q.5はp.176に掲載。

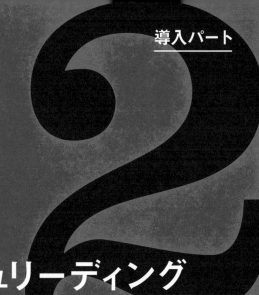

第2章

スラッシュリーディング

第1章では、意味の固まりで改行した文で、
英語の語順に従って内容を理解していくプロセスを確認しました。
この章では、より実践的に、改行の代わりに、
意味の固まりごとに文をスラッシュ (/) で区切りながら
読み進める「スラッシュリーディング」に取り組みます。

1. スラッシュリーディングの目的

前章では、強制的に改行した文で、ネイティブがどのように英文を読んで理解しているのかを確認しました。しかし、実際の英文では意味の固まりで改行されてはいません。そこで本章では、改行の代わりに文にスラッシュを入れて読み進める「スラッシュリーディング」に取り組みます。

この練習の目的は、**英文の語順に従って、意味の固まりごとに情報を吸収しながら一直線に読めるようになる**ことです。

スラッシュリーディングは、これ以降、本書における英文の読み方の基本となりますので、ここでしっかりと身に付けてください。

スラッシュリーディングの方法

スラッシュリーディングは、**自分が理解できる意味の固まりごとにスラッシュを入れ、その固まりの内容を頭の中で整理してから、次の固まりに進みます**。最初は区切りが短くて構いません。慣れてくると理解できる固まりが徐々に長くなっていきます。一度に処理できる量が増えるからです。

本書でも最初は短めに区切りますが、後半に行くに従って区切りの間隔を徐々に長くしていきます。あまり短く区切り過ぎると文全体の意味が取りづらくなるので、注意が必要です。

最終的には、スラッシュを入れなくても頭の中で自然に区切りながら意味が取れるようになることが目標です。

スラッシュはどこに入れるのか

スラッシュの位置(意味の固まりの区切り)は、どこに入れたらいいのでしょうか？
前章の改行リーディングで用いた英文を例に見てみましょう。
右の図を参照してください。最初なので短く区切ってあります。

New members
新会員は

may attend
参加することができる

conferences
会議に

for free
無料で

for the first six months
最初の6カ月間

after joining our community.
コミュニティーに参加した後で

New members/may attend/conferences/for free/
新会員は　　　　　　 /参加することができる /会議に　　　　　 /無料で /

for the first six months/after joining our community.//
最初の6カ月間　　　　　 /コミュニティーに参加した後で。　　　　 //

上に示したのは一例ですが、スラッシュを入れる位置には一応、基本的なルール（次ページ）はあります。このルールを元にして区切ることで、英語の文構造も身に付きます。ただし、理解できる固まりの長さには個人差がありますし、**絶対的なルールはないので、本書のスラッシュの位置はあくまで目安として活用してく**ださい。

なお、赤字で記した訳例もあくまで目安なので、同じ意味が取れていれば、表現が同じである必要はありません。

スラッシュが入る位置（基本）

スラッシュを挿入する位置は、前章での改行位置と同じ。基本的な目安は次の通りです。

❶ 主語と動詞の間
❷ 目的語や補語の前後
❸ 接続詞や関係詞の前
❹ to不定詞の前
❺ 副詞句を導く前置詞の前
❻ カンマの後ろ

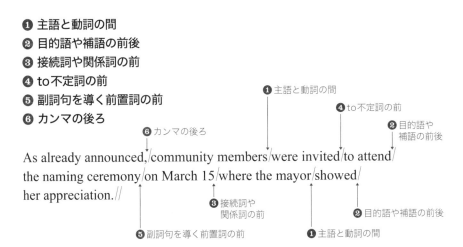

スラッシュが入る位置（応用）

上の例は最も基本的な目安ですが、実際には以下のような応用パターンもあります。

●**主部や目的語、補語等が長い場合**→その中をさらに区切った方がよい

【主部が長い例】

The schedule of the off-season inspection/for each facility/can be found/
開散期に実施される点検の予定は　　　　　/それぞれの施設の　　/見つけられる/

on the Web site.//
ウェブサイトで。//

【目的語が長い例】

Pinetree Shopping Mall will be giving away/200 pairs/of free tickets/
パインツリー・ショッピング・モールでは、提供します　　/200組の　　/無料チケットを/

for the latest movies.//
最新映画の　　　　　　//

【補語が長い例】

Sakurayama Zoo and Water Park is/one of the most popular destinations/
サクラヤマ動物園とウォーター・パークは　　/最も人気のある目的地の一つです/

for families/in the area.//
家族向けの　　　/この地域の　　　//

●**主部と動詞の語数が少ない場合**→主部と述部を一緒の固まりにしてもよい
Participants learned/about the history/of the city.//
参加者は学びました　　　/歴史について　　　　/その市の　　　　//

●**動詞と目的語・補語の関係が強い場合**→目的語や補語の前で区切らなくてもよい
The photographer/took pictures/of the event.//
その写真家は　　　　　/写真を撮ります　/そのイベントの　　//

●**イディオムの中に前置詞が組み込まれている場合**→前置詞の前で区切らず、イ
　ディオムをひと固まりにしてもよい
She/stopped by/the counter/to pick up/a booklet.//
彼女は /〜に立ち寄りました /カウンター　　/手に入れるために /小冊子を　　　　　//

意味の固まりを順に理解して情報を積み重ねていく作業は、改行読みと同じです。

2. スラッシュを入れてみよう

試しに、第1章の改行リーディングで読んだ次の文に As you may be aware, と
いう前段も加えて、スラッシュを入れてみましょう。

**As you may be aware, new members may attend
conferences for free for the first six months after joining
our community.**

次の例はスラッシュを挿入する位置の目安に従って、短く区切ったものです。ス
ラッシュが2つ続いている // は、文の終わり（ピリオド）を示しています。

As/you/may be/aware,/new members/may attend/conferences/for free/
〜のように /あなたは /おそらく /気付いている、/新会員は　/出席できる　　/会議に　　　/無料で /

for the first six months/after joining/our community.//
最初の6カ月間　　　　　/参加した後で　　/私たちのコミュニティーに。//

この英文では、

❶ 接続詞asの後ろ
❷ 主語youと述部may beの間
❸ 補語のawareの前
❹ カンマの後ろ
❺ 後ろの節の主語new membersと述部may attendの間
❻ 目的語conferencesの前
❼ 3つの前置詞（2つのforとafter）の前
❽ 目的語our communityの前

のように、目安の場所全てにスラッシュが入っています。
この区切り方では、人によっては細か過ぎて読みにくく、区切りと区切りの間の
つながりも分かりにくいかもしれません。慣れてきたら、**自分の理解しやすい箇
所で区切ってください。**

また、スラッシュリーディングの目的は英文の語順に沿って内容を理解すること
なので、**自然な訳語や口調にこだわる必要はありません。**意味が取れていれば
OKなのです。本書ではこの方針を採用していますので、色文字の訳例は必ずし
もきれいに整った日本語にはしていません。

個々の単語の訳も同様です。例えばcommunityは文脈によって訳語が変わりま
す。上の例文が登場した文書の中では、先にThank you for joining our
academic community for professors . . . とあったので、「学会」が最もふさ
わしいように思えますが、あまり重要なことではありません。何らかの条件の下
で集まっている「団体」であることさえ理解できれば十分です。カタカナ語とし
て普段から使っているなら「コミュニティー」のままでも十分です。

区切りの幅を広げていこう

次に、もう少し長く区切ってみましょう。ここでp. 46に挙げた応用パターンが
生きてきます。また、p. 47の英文冒頭のAs you may be awareなどは日本語
の決まり文句の「ご承知のように」と同じ意味なので、決まり文句として一つの
固まりとして捉えましょう。

> **As you may be aware,/new members may attend/**
> ご承知のように　　　　　　　　　/新会員は出席できる/
>
> **conferences/for free/for the first six months/**
> 会議に　　　　/無料で/　/最初の６カ月間/
>
> **after joining/our community.//**
> 参加した後で　　/私たちのコミュニティーに。//

あるいは動詞と目的語を一つの意味の区切りとすると次のようになります。

> **As you may be aware,/new members/**
> ご承知のように、　　　　　　　/新会員は /
>
> **may attend conferences/for free/**
> 会議に出席できる　　　　　　/無料で/
>
> **for the first six months/after/joining our community.//**
> 最初の６カ月間　　　　　　/〜の後で/私たちのコミュニティーに参加した。//

may attend conferencesの部分は、動詞→目的語の訳順が逆転していますが、目の動きが極端に右から左に戻らなければ問題ありません。

さらに固まりを大きくしてみるとどうでしょう。

> **As you may be aware,/**
> ご承知のように、/
>
> **new members may attend conferences/for free/**
> 新会員は会議に出席できる　　　　　　/無料で/
>
> **for the first six months after joining our community.//**
> 私たちのコミュニティーに参加してから最初の６カ月間は。　　　　　//

練習を重ねて固まりを大きくしていきましょう。ただし、もし１つの区切りの中でどうしても戻り読みをしてしまうような場合は、その固まりはあなたの今の読解力に対して長過ぎます。自分が戻り読みせずに読める範囲を見つけましょう。

3. 文構造別のスラッシュ例①

では、文型別にスラッシュの入れ方の具体例を確認していきます。
第1章で取り上げた「脳内会話」も使って読んでみましょう。スラッシュで区切った固まりごとに頭の中で質問を発して、次に来る情報を先取りするように読んでいくと、内容が一段と頭に入りやすくなります。例えば次のセンテンスは、The hotel provides its guests（ホテルは客に提供する）だけだと、「何を（提供するの）？」と聞きたくなりますよね。そこで、下に吹き出しで示したよう会話を脳内で展開していきます。

> 何を？
>
> **The hotel provides its guests**（ホテルは客に提供する）/
> **complimentary breakfast.**（無料の朝食を）

このように、次は何の情報が来るだろうかと、意味の固まりごとに脳内で会話をしながら読む癖を付けましょう。以下の英文にも所々、脳内会話を想定した吹き出しが入っていますので、参考にしてください。

①シンプルな文

1. Your cooperation/will be greatly appreciated.//
あなたの協力は　　　/とてもありがたいでしょう。　　　//

2. The company expanded/its product line.//
何を？
その会社は拡大した　　　　　　/製品ラインを。　　　//

3. Please keep/your valuables/secure.//
何を？　　　どのように？
保持してください　/あなたの貴重品を　/安全に。//

4. Come meet/Kyle Walker,/a local author.//
会いに来てください /Kyle Walkerに、　/地元の作家の。　　//

Tip 4のように名詞句の後ろにカンマが来てさらに名詞句が続いている場合、後ろの名詞句は前の名詞句の補足情報になっています。

Tip 人名、固有名詞、日時など日本語に訳さなくても分かる意味の固まりは、そのまま英語で処理をする習慣を付けましょう。

②前置詞で情報が付加されている文

1. Elan Sports Center/will not be responsible/for any lost items.//

> 何に？

Elan Sports Centerは　　　/責任を持たない　　　　　　/遺失物に対して。　　　　　　//

2. Come directly/to the meeting room.//

> どこに？

直接来てください　　　/会議室に。　　　　　　　　　　//

3. Please arrive/at the cafeteria/between 12:00 and 12:10.//

> いつ？

到着してください　　/カフェテリアに　　　/12:00～12:10の間に。　　　　//

4. Our annual fundraising race/

私たちの例年の寄付金集めのレースは /

will take place/on January 20/at Wilson Stadium.//

> いつ？　　　　　　　どこで？

行われる　　　　　　　/January 20に　　　/Wilson Stadiumで。　　　//

5. A former journalist told/us/

> 誰に？　　　　何を？

元ジャーナリストが話した　　　/私たちに /

about her experience of working/in the mass media.//

> どこで？

彼女が働いた経験について　　　　　　　　　　/マスメディアで。　　　　//

③to不定詞で情報が付加されている文

1. He learned/to appreciate/local traditions and cultures.//

> 何を？　　　　何の？

彼は学んだ（次のことを）/価値を認めることを /地元の伝統や文化の。　　　　//

Tip 目的語や補語や挿入句を後ろから訳したくなるときには、「次のことを」「次のような」などの文言を1つ前の固まりの訳に付け加えて「戻り読み」を防ぎましょう。慣れてきたらこの文言の代わりに「→」を入れてもいいでしょう。

第2章 スラッシュリーディング

51

2. We collaborate/with such organizations/to support/

誰と？　　何のために？　　　　　何を？

私たちは協力する　/そのような組織と　　/支援するために/

a variety of activities.//

いろいろな活動を。　//

3. The device allows/users/to watch movies/or/

何を？

その機器は可能にする　/ユーザーに/映画を見ることを　/あるいは/

listen to music/comfortably.//

音楽を聴くことを　/心地よく。　//

EXERCISE 1

では、スラッシュリーディングをしてみましょう。スラッシュごとに意味を取りながら読んでみてください。意味が取れているかどうか確認したいときは、赤シートで訳例を隠してから、スラッシュごとに横にずらしながら読んでください。レベルごとにスラッシュの区切りの間隔が長くなります。レベル3はスラッシュがないので、自分なりの区切り方で読んでみてください。

レベル 1

1. Rachel's team/tested/over 20/home printers and photocopiers.//

Rachelのチームは　/テストした/20以上の/家庭用プリンターとコピー機を。　//

2. The natural paints/make/the product/environmentally friendly.//

その天然塗料は　　　/〜にする/その製品を　/環境に優しく。　//

3. Snacks and refreshments/will be served/following the ceremony.//

軽食と飲み物が　　　　/提供される　　/セレモニーに続いて。　//

4. I'm having/issues/with my automatic payment.//

私は抱えている/問題を　/自動支払いについて。　//

5. She/took over/Mike's position/three months ago.//

彼女は/引き継いだ　/Mikeの職を　　/3カ月前に。　//

6. The company/shifted/its focus/to public works.//

その会社は　　　/移行した　/焦点を　/公共事業に。　//

52

7. At YDRI Inn,/our mission is/to provide/our guests/
　　 YDRI Innおいて、　/私たちの使命は　　/提供することだ /利用客に /

with the finest services.//
最高のサービスを。　　　　//

8. The institute provides/a productive learning environment/
　　 その機関は提供する　　　　/有意義な学習環境を/

for only $399.99 a month.//
ひと月たった $399.99で。　　 //

9. They/came in/early/to set up/the room.//
　　 彼らは /来た　　/早く　/設営するために/部屋を。　//

10. Don't miss/your/last chance/to enjoy/the memorable performance.//
　　　 見逃さないで /あなたの/最後の機会を（次のような）/楽しむための/思い出深い公演を。　　//

Tip 不定詞句を後ろから訳したくなるときにも、「次のような」などの文言や「→」を一つ前の
固まりの訳に付け加えて「戻り読み」を防ぎましょう。

レベル2

1. Some new employees/from our overseas branches/will also attend.//
　　 何人かの新人従業員　　　/海外支店からの　　　　　　　/も出席するでしょう。　//

2. Pictures should only be taken/in the lobby.//
　　 写真は〜だけで撮影されるべきだ　　　/ロビーで。　　//

3. The entrance is automatically locked/between midnight and 6 A.M.//
　　 入り口は自動的に施錠される　　　　　/midnight〜 6 A.M.の間。　　//

4. Participation is voluntary/for store staff members.//
　　 参加は任意だ　　　　　/店舗スタッフたちには。　　//

5. The overnight sleeper train was comfortable/
　　 その寝台列車は快適だった /

with a spacious interior.//
広々とした内装で。　　　//

6. We appreciate you/bringing the issues to our attention.//
感謝している /注意喚起をしてくれて、 //

Tip We appreciate ~ のような定型句は細かく区切らず、意味をひとまとめに把握できるように練習しましょう。

7. Our trainees will become knowledgeable/in finance,/accounting,/
私たちの研修生は知識豊富になるだろう /財務 /会計/

and the relevant laws and regulations/through participating/
そして関連する法規制において /参加することで/

in the extensive curriculum.//
幅広いカリキュラムに。 //

8. Our new inventory management system/allows you/
私たちの新しい在庫管理システムは /あなたに許す→/

to generate constant revenue/at your business.//
一定の収入を生み出すことを /あなたの商売で。 //

9. During this time,/visitors will be asked/to park/
この期間中、 /来客者たちは頼まれる→ /駐車することを/

at either East Parking Lot or North Parking Lot.//
どちらかに→East 駐車場かNorth駐車場か。 //

10. We urge you/to immediately stop/using batteries/manufactured/
私たちは強く求める→ /すぐに停止することを /電池の使用を /生産された/

between February and March/this year.//
February～Marchに /今年の。 //

レベル3

自分で意味の固まりごとに（頭の中で）スラッシュを入れながら、後戻りせずに読み通しましょう。※スラッシュの位置と訳例は次ページ

1. The best thing about the HS-2 document scanner is its user-friendliness.

2. There will be a keynote speech given by Paul Tipton, a former chairperson of the chamber of commerce.

3. The only minor inconvenience was reported after long-term usage.

4. Rates obtained through use of online discounts, early registration discounts, and membership discounts are excluded from the Full Refund Program.

5. The demonstration took place at the Printing Machine Museum.

6. She is known for having a successful business strategy.

7. The new robotic cleaner, Mambo, has been extremely well-received by both existing users and new ones.

8. You have received this notice because your personal registration information needs to be updated.

9. You will be able to collect the packages upon presentation of the delivery notice and photo identification.

10. This program is a good way to share your knowledge and learn about your neighbors.

[レベル3のスラッシュと訳例]
※主語と主動詞を明確にするために、主語の言い換えになっている挿入句には破線を引いています。

1. The best thing/about the HS-2 document scanner/
　　一番良いこと　　　/HS-2 ドキュメントスキャナーについての/

is its user-friendliness.//
は使い勝手だ。　　　　　//

2. There will be a keynote speech/given by Paul Tipton,/
　　基調講演がある　　　　　　　　/Paul Tiptonによる、/

a former chairperson/of the chamber of commerce.//
元議長の　　　　　　/商工会議所の。　　　　　　//

Tip there構文は「～がある/あった」で一度文を区切ると、分かりやすいです。

第2章　スラッシュリーディング

3. The only minor inconvenience/was reported/after long-term usage.//
　小さな不便だけが　　　　　　　　　　　/報告された　　　　/長期利用の後に。　　　　　　//

4. Rates obtained/through use of/online discounts,/
　獲得された料金　　　/〜の利用を通して　/オンライン割引、/

　early registration discounts,/and/membership discounts/are excluded/
　早期割引、　　　　　　　　　　　/そして/会員割引　　　　　　　　/は除外される/

　from the Full Refund Program.//
　全額返金プログラムから。　　　　//

5. The demonstration took place/at the Printing Machine Museum.//
　デモンストレーションは行われた　　　　　/the Printing Machine Museumで。　　　　//

6. She is known/for having a successful business strategy.//
　彼女は知られている/成功したビジネス戦略で。　　　　　　　　　　//

7. The new robotic cleaner,/Mambo,/has been extremely well-received/
　新しいロボット掃除機、　　　　　/Mambo、　/はかなり評判が良い/

　by both existing users and new ones.//
　既存のユーザーと新規ユーザー両方によって。　//

8. You have received/this notice/
　あなたは受け取った　　/この通知を/

　because your personal registration information needs/to be updated.//
　なぜならあなたの個人登録情報は必要としているから　　　　　　　/更新されることを。　//

9. You will be able to collect/the packages/upon presentation of/
　引き取ることができる　　　　　　/荷物を　　　/〜の提示で/

　the delivery notice and photo identification.//
　不在配達通知票と写真付きのID。　　　　　　//

10. This program is a good way/to share your knowledge/and/
　このプログラムは良い方法だ　　　/知識を共有し　　　　　/そして/

　learn about your neighbors.//
　近所の人たちについて知るために。　//

4. 文構造別のスラッシュ例②

複数の節から成る文と使役用法の文を見ていきましょう。文構造が少し複雑になってきますが、読み方の基本は同じです。

①接続詞で情報が付加されている文

1. The facilities manager must ensure/

何を？

施設長は保証しなければならない/

that Health Department regulations are met.//

保健省の規則に合致することを。　　　　　　　　//

2. If/the product cracks,/remove it/and/contact us/immediately.//

どうする？

もし〜ならば/製品のひびが入った、/それを取り外し/そして/私たちに連絡する/すぐに。　　　//

3. I'm almost done,/but/the chart needs/to be modified.//

えっ？　　　　何を？

ほとんどやり終えた,　　/しかし/表は必要とする　　/修正することを。　　//

Tip 等位接続詞のandやbutは、その後に続く固まりが大きなときには、これらの接続詞の前後で区切った方が分かりやすいです。

4. I think/(that) they are working on it/now.//

何を？

私は思う　/彼らはそれに取り組んでいる　　　　/今。　//

Tip 接続詞thatは省略されることがあります。スラッシュは、thatが省略されている所に入れればOK。

②関係詞で情報が付加されている文

1. Ms. Panjabi is experienced/in designing training courses/

どんな研修コース？

Ms. Panjabiは経験がある　　　　/研修コースの設計に/

that match/job seekers' learning needs.//

それらはマッチしてる/求職者の学びのニーズに　　//

2. The special sale/for regular customers/is only open to those/

どんな人たち？

スペシャルセール　　　　/常連客のための　　　/はその人たちにだけに開催される/

who have/an invitation.//

その人たちは持っている /招待状を。//

3. Please contact me/with any questions/(which) you may have.//

どんな質問？

連絡してください　　　　　/あらゆる質問と共に　　　　/あなたが持っているかもしれない。//

Tip any questions you may haveのように名詞（句）[ここではany questions]と節（SV）[ここではyou may have]が連続している場合は、間に入る目的格の関係詞[ここではwhich]が省略されています。後ろの節の動詞[ここではhave]の目的語が欠落していないかにも気を付けて読みましょう。次の例文も同じように関係詞が省略されている文です。

4. Lilly Fox was just the person/(whom) we were looking for/

どんな人？

Lilly Foxがまさにその人だった　　　　　　/私たちが探し求めていた /

as our team leader.//

チームリーダとして。　　　//

③そのほかの文

1. Let me/call the manager/now.//

何を？　　　　　　いつ？

私にさせてください/マネジャーに電話をすることを/今。//

Tip 上の訳例では目的語meと原形動詞callの間にスラッシュを入れて訳していますが、let me callやlet us knowなどの定番表現は、ひと固まりで処理できるようになりましょう。

2. Your contributions will help/us/accommodate/

誰を？　何を？

あなたの貢献が助ける　　　　　　/私たちを /対応することを /

more calls for help.//

より多くの援助の求めに。　　//

Tip この英文のように、helpの後ろにはto不定詞ではなく動詞の原形が来ることもあります。

3. There will be several statistics/presented/to show/

どんな？　　　　　　　　　　何を？

いくつかの統計があるだろう　　　　　　/提示される　　/示すために /

changes in consumer trends.//
消費者傾向の変化を。   //

4. I wanted/to make sure/my request/
私はしたかった/確認することを   /私の要望（次のような）/

to get the damaged chairs replaced/with new ones/went through.//
いたんだ椅子を交換してもらう   /新しいものに   /が実行されたかを。 //

Tip get the damaged chairs replacedは、get＋目的語(A)＋動詞の過去分詞（Aを～の状態にしてもらう）という使役用法です。getはhaveで置き換えられることもあります。

EXERCISE 2

節を複数つないだ英文に挑戦です。比較的短くスラッシュが入ったレベル１、長めにスラッシュが入ったレベル２、スラッシュが入っていないレベル３の、それぞれ10の例文に取り組みます。

レベル1

1. We believe/(that) you finished the program/
私たちは信じている→/あなたがこのプログラムを終了した/

with complete satisfaction.//
完全に満足して。   //

Tip 接続詞（ここではthat）が導く節などが長くて戻り読みをしたくなる時には、不定詞句の場合と同じように、仮の文言を挟んだり、→で置き換えたりしながら、一直線読みを実行しましょう。

2. Please advise me/on how/I can get/my full refund.//
アドバイスしてください→/どうしたら/手に入れられるか/全額返金を。//

3. It seems like/you charged me/twice.//
～のようだ   /あなたは私に課金した /2度。 //

4. I have requested/that a professional photographer take photos/
私は求めた→   /プロの写真家が撮影することを/

of the property.//
その物件を。   //

5. The discount will be applied/automatically/if/
割引は適用される　　　　　　　/自動的に　　　/もし〜ならば/

you book through our Web site/using the discount code.//
ウェブサイトから予約する　　　　/割引コードを使って。　　　//

6. Joe is the one/that is in charge of the project.//
Joeがその人だ　　/その人がプロジェクトを担当している。　　　//

7. We have/numerous partner museums/around the world/where/
私たちにはある/多くの提携美術館が　　　　/世界中に　　　　/そこでは/

you can enjoy/a discount/on admission fee.//
あなたは楽しめる　　/割引を　　/入場料の。　　　//

8. The towels/came up cleaner/than the ones/we washed/
タオルは　　　/よりきれいになった　　/ほかのタオルより/私たちが洗った/

in competitors' washing machines/with similar functions.//
ライバル社の洗濯機で　　　　　　　/同等の機能を持つ。　　　//

9. It has an indicator/that displays/how much electricity/
それには表示がある　　　　/それ（その表示）は示す/どのくらいの電気量を/

you are consuming/in real time.//
あなたが消費しているかを　/リアルタイムに。//

10. Another good choice is/the EP-10 document scanner,/which costs/
別の良い選択は　　　　　/EP-10 document scannerだ、　　　/これは費用がかかる/

about $20 less/than the HS-2 document scanner.//
約$20少なく　　/HS-2 document scannerよりも。　　　//

レベル2

※主語と主動詞を明確にするために、主語を先行詞とする関係詞節には破線を引いています。

1. I've been charged/an additional fee,/and/this has never happened/
私は課金されている　　/追加料金を　　　/そして/こんなことは起きなかった/

before.//
これまでは。//

60

2. We ask/that you visit/our Web site/at your earliest convenience/
私たちは頼む→/あなたが訪れることを/私たちのウェブサイトを/都合が付き次第/

in order to/create an account.//
するために→ /口座を作る。   //

3. I first met Martha/in London/in 2000/while I was studying/
Marthaに初めて会った /ロンドンで   /2000年に /当時私は勉強していた /

at a school/there.//
学校で   /そこの。//

4. As you may be aware,/the Platinum members/
ご存じの通り、   /Platinumメンバーは /

may take full advantage/of our services.//
全てを活用できる   /我々のサービスの。   //

5. I had my coffee maker fixed/last week,/but/it's stopped working/
私はコーヒーメーカーを直してもらった   /先週、   /しかし /それは動いていない/

again.//
再び。 //

6. In the workshop,/participants will review/
研修で、   /参加者たちは再検討する/

the different kinds of problems/employees may face/
異なる種類の問題を（次のような）   /従業員が直面するかもしれない/

depending on their work environment.//
職場環境によっては。   //

7. The new city hall was designed/by an architect,/who has won/
新しい市役所は設計された   /建築家によって、   /その建築家は受賞している/

many awards.//
多くの賞を。 //

8. We will be displaying/a selection of vintage fabrics/
私たちは展示する   /年代物の布のセレクションを/

which were donated/by community members.//
それらは寄付された   /コミュニティーのメンバーによって。//

9. I'm looking forward to/the talk/by Judy McMahon,/
　　楽しみにしている　　　　　/トークを　/Judy McMahonによる、/

whose latest novel/is being made/into a movie/now.//
その人の最新作の小説は　/作られている　　/映画に　　/今。//

10. Heidi Gardner,/who was asked/to deliver the opening speech,/
　　Heidi Gardner、　　/その人は頼まれた　/開会のあいさつをすることを、/

has been a loyal and generous donor/to our museum/for years.//
は忠実で寛大な資金援助者でいてくれている　　　/私たちの美術館への　/長い間。　//

レベル3

自分で意味の固まりごとに（頭の中で）スラッシュを入れながら、後戻りせずに
読み通しましょう。※スラッシュの位置と訳例は次ページ

1. Before she advanced into her professional career, she was one of the
fortunate many who learned music under William Brown.

2. Many studies suggest that taking a regular break in the office has a
positive effect on employees' efficiency.

3. We hope you join our community to gain advanced skills in
accounting.

4. As attending the gathering is mandatory, you should not be absent
without notice.

5. I'll check whether the correct information is on our list.

6. I'm determined to expand TGF's products and services internationally
to gain more presence.

7. Even if you are cutting down on expenses in your office, there are
several reasonably priced document scanners suitable for the small
office.

8. Special offers are only valid for the members themselves, so please check the photo on the membership card.

9. I noticed that stains frequently become visible inside the pot because it's difficult to wash it out perfectly.

10. Muse's Candies started its business in 1958 as a small candy shop producing and distributing chocolate bars based on their family's recipes.

［レベル３のスラッシュと訳例］

1. Before/she advanced/into her professional career,/
の前→　　/彼女が進んだ　　/プロのキャリアへ、/

she was one of the fortunate many/who learned music/
彼女は幸運な大勢の一人だった　　　　　/その人たちは音楽を学んだ/

under William Brown.//
William Brownの下で。　　　//

2. Many studies suggest/that taking a regular break/in the office/
多くの研究が示している（次のことを）/定期的な休息を取ること　/オフィスで/

has a positive effect/on employees' efficiency.//
は良い効果がある　　　/従業員の効率に。　　//

3. We hope/you join our community/to gain advanced skills/
私たちは望む→/あなたが私たちのコミュニティーに参加するのを/進んだ技能を手に入れるために/

in accounting.//
会計の。　　//

4. As/attending the gathering is mandatory,/
〜なので/集会への出席は義務だ、/

you should not be absent/without notice.//
欠席するべきではない　　　/知らせずに。　　//

5. I'll check/whether/the correct information is on our list.//
私は調べる→/〜かどうかを/正しい情報が私たちのリストにある。　　　//

6. I'm determined/to expand/TGF's products and services/

私は決意している　　　／広めることを　／TGFの製品とサービスを／

internationally/to gain more presence.//
国際的に　　　　　／より一層の存在感を得るために。　//

7. Even if/you are cutting down on expenses/in your office,/there are/
もし〜だとしても→／あなたが支出を削減中だ　　　　　　／事務所の、　　　　／〜がある／

several reasonably priced document scanners/
いくつかの手ごろな価格のドキュメントスキャナーが／

suitable for the small office.//
小さなオフィスに適した。　　　　／／

8. Special offers are only valid/for the members themselves,/so/
特別なセールが有効なのは〜だけ→　　／会員自身、　　　　　　　　　　／なので／

please check the photo/on the membership card.//
確認してください→写真を　　／会員証の。　　　　　　　　　　／／

9. I noticed/that stains frequently become visible/inside the pot/because/
私は気付いた（次のことを）／汚れがしばしば見えるようになること　　／ポットの内側に　／なぜなら／

it's difficult/to wash it out/perfectly.//
難しいから　　　／洗い流すことが　／完全に。　　／／

10. Muse's Candies started its business/in 1958/as a small candy shop/
Muse's Candies は商売を始めた　　　　　　／1958年に／小さなキャンディー店として／

producing and distributing/chocolate bars/
製造販売する　　　　　　　　　／チョコレート菓子を／

based on their family's recipes.//
家族に伝わるレシピに基づいた。　　　　／／

5. 仕上げのトレーニング　Part 1

EXERCISE 3

本章の仕上げ第１弾として、いろいろな構造の文に、ランダムにチャレンジして
みましょう。スラッシュ入りとなしの２タイプでスラッシュリーディングをしま
しょう。その際、以下の点に気を付けてください。

① 1文をまるごと日本語に訳そうとしない
② 脳内会話を使って積極的に情報を取りにいく
③ 後戻りしそうになったら、(次のことを)(次のような)でつなぐ

訳例が邪魔な場合は赤シートで隠してください、意味が取れているかを確認するには、赤シートを少しずつずらして確認してください。
※主語と主動詞を明確にするために、主語を先行詞とする関係詞節には破線を引いています。

スラッシュ入り

1. Thank you/for being a loyal customer/of Sunway Drugs.//
Thank you　　/忠実な顧客でいてくれて　　　　/Sunway Drugsの。　　　//

2. The qualified individual will work/
資格のある人は働く/

closely with the warehouse manager.//
倉庫管理者と緊密に。　　　　　　　//

3. To keep/your valuables/safe,/please use/
保持するため/貴重品を　　　　/安全に、/使ってください/

the safe in the guest room.//
客室の金庫を。　　　　　//

4. Just follow the instructions/on the package/
指示に従うだけです　　　　　　/パッケージにある/

to make a nice cup of coffee.//
おいしいコーヒーを入れるために。　//

5. The promotional sample/will be offered/completely free of charge,/
試供品は　　　　　　　/提供される　　　/完全に無料で、/

and/no purchases are necessary.//
そして/購入は不要。　　　　　//

6. If/you booked/your accommodation/through a booking site,/
もし〜ならば/予約した/宿泊施設を　　　　　/予約サイトを通じて、/

contact/its help desk.//
連絡してください/サイトのヘルプデスクに。//

7. Prior to joining us, /Mr. Sanders served /as the chief curator /
私たちと一緒になる以前に、/Mr. Sandersは務めた　　　/主任学芸員として/

at Soquel Art Museum. //
Soquel Art Museumで。　　　//

8. The product code starts with KRI5 /followed /
その製品コードは KRI5から始まって　　　/続いている/

by an eight-digit number. //
8桁の数字に。//

9. We offer /complimentary concierge service /to arrange your travels. //
私たちは提供する/無料のコンシェルジュサービスを　　　　/あなたの旅を手配するために。　　//

10. Since you have just marked /your three-year anniversary /with us, /
あなたはちょうど記録したので　　　/あなたの3周年を　　　　　　/私たちとの、/

you now qualify /for the Platinum membership! //
今回資格を得る　　　/Platinum membershipの！　　　//

11. While we wish /we could respond /to all requests, /
私たちは望んでいるが /私たちが応じられることを /全ての要望に、/

the needs are far greater /than our allocated resources. //
ニーズはかなり大きい　　　/割り当てられている資金よりも。　　//

12. Recently, /we have specifically focused /
最近、　　　/私たちは特に焦点を合わせている/

on improving the environment /in the communities /
環境の改善に　　　　　　/地域において/

where we operate our stores. //
そこで私たちは店を営業している。　//

13. As a token /of our apology, /we have included /two free tickets /
証しとして　　/謝罪の、　　　　/同封した　　　　/2枚の無料券を/

for the exhibition. //
その展示への。　　//

14. The program is brought to you /by our specialist team /
そのプログラムはあなたにもたらされた　　　/私たちの専門家のチームによって/

that is dedicated/to supporting you/in the best way possible.//
そのチームは打ち込んでいる/あなたを支援することに/可能な限り最善の方法で。   //

15. Those/who own/Josh Simpson's albums/are encouraged/
人々   /その人たちは持っている/Josh Simpsonのアルバムを/は勧められる/

to bring them/and/get them signed.//
それらのアルバムを持ってくることを/そして/サインをしてもらうことを。//

スラッシュなし

自分で意味の固まりごとに（頭の中で）スラッシュを入れながら、後戻りせずに読み通しましょう。※スラッシュの位置と訳例は次ページ

1. They took leadership of completing the renovations.

2. They have started a recall and replacement program.

3. The printer is guaranteed against defects for one year.

4. Excellent communication skills along with management skills are required.

5. Visitors on the factory tour will learn the secrets to the popularity of its products.

6. In order to ensure that the necessary improvements are made, we are now going over our cleanliness checklist every half hour rather than once an hour.

7. In order to give you the sale rate, we must have valid credit card information on file before the special offer ends.

8. With your generosity, we expect to achieve our goal of building a new concert hall in the downtown area.

9. Due to unforeseen circumstances, our founder and former president Matthew Adams is now unable to attend the ceremony.

第2章　スラッシュリーディング

10. I heard the photocopier is having issues again.

11. We'll support you and let you focus on what you need to do.

12. TTT Online Mall has a range of items which can be delivered anywhere in the nation within a couple of days.

13. Jim Russell replaced Gil Willows, who retired last year after acting as chairperson for over a decade.

14. This is a perfect position for someone who has knowledge and experience of marketing and is familiar with information technology.

15. You must present a valid photo identification confirming your age in order to make your purchase at the special rate.

［スラッシュと訳例］

1. They took leadership/of completing the renovations.//
彼らがリーダーシップをとった /改修の完了のための。   //

2. They have started/a recall and replacement program.//
彼らは開始した   /リコールと交換のプログラムを。   //

3. The printer is guaranteed/against defects/for one year.//
そのプリンターは保証されている   /不具合に対して   /1年間。   //

4. Excellent communication skills/along with management skills/
優れたコミュニケーションスキルが   /マネジメントスキルと共に /

are required.//
求められる。   //

5. Visitors on the factory tour will learn/the secrets/
工場見学の訪問者たちは知るだろう   /秘密を /

to the popularity of its products.//
その製品の人気の。   //

6. In order to ensure/that the necessary improvements are made,/
確かにするために→　　　/必要な改善がなされたことを、/

we are now going over/our cleanliness checklist/every half hour/
私たちは現在チェックしている　/清潔さのチェックリストを　　/30分ごとに/

rather than once an hour.//
1時間ごとではなく。　　　//

7. In order to give you/the sale rate,/we must have/
あなたに提供するために→　/特別価格を、　/私たちは必要とする/

valid credit card information/on file/before/the special offer ends.//
有効なクレジットカード情報を　　/記録に　/〜よりも前に/特別セールが終わる。　//

8. With your generosity,/we expect/to achieve our goal/
あなた方の寛大さのおかげで、　/私たちは予測している/目標を達成すると/

of building a new concert hall/in the downtown area.//
新しいコンサートホールの建築の　　/ダウンタウンエリアでの。　//

9. Due to unforeseen circumstances,/our founder and former president/
予期しない事情により、　　　　/創設者であり前の社長/

Matthew Adams/is now unable/to attend/the ceremony.//
Mathew Adamsは　/今回できない　/出席することが　/セレモニーに。//

10. I heard/the photocopier is having issues/again.//
私は聞いた→/そのコピー機は問題がある　　/またしても。//

11. We'll support you/and/let you focus on/what you need to do.//
私たちはあなたを支援する/そして/焦点を当てさせる　/あなたがしなければならないことに。//

12. TTT Online Mall has/a range of items/which can be delivered/
TTT Online Mall にはある　/幅広い商品が　　/それらは配達できる/

anywhere in the nation/within a couple of days.//
国中どこでも　　　　/2、3日中に。　//

13. Jim Russell replaced/Gil Willows,/who retired/last year/
Jim Russellは交代した　/Gil Willowsと、　/その人は引退した/昨年/

after acting as chairperson/for over a decade.//
議長を務めた後　　　　/10年以上に渡って。　//

14. This is a perfect position/for someone/who has/
これは最適な職だ　　　　　　/次のような人に取って/その人は有する/

knowledge and experience/of marketing/and/is familiar with/
知識と経験を　　　　　　　　/マーケティングの　/そして/詳しい/

information technology.//
ITに。　　　　　　　　　　　//

15. You must present/a valid photo identification/confirming your age/
あなたは提示しなければならない/有効な写真付き身分証明書を　/年齢を確認する/

in order to/make your purchase/at the special rate.//
するために→　/購入する　　　　　/特別料金で。　　　　//

6. 仕上げのトレーニング Part 2

EXERCISE 4

仕上げの第2弾は短い文書を読み通す練習です。次の5つの文書は、本文の長さはどれもおよそ60 words。手順はPart 1と同じです。

スラッシュ入り

最初の3つの文書はスラッシュ入りです。
各文書の前に語注を用意していますので、文書を読み始める前に目を通してください。文書の後に内容確認問題が3問付いています。内容を正しく把握できていたか確認してください。

Challenge 1　Advertisement（広告）

最初はタイトルと4つの文から成る広告文です。120 wpmで読むことができれば30秒で読み終わる分量ですが、まずは時間よりも後戻りをしないことを意識して読み進めましょう。

語注：□ more for less　少ないもので多くを（得る）
　　　□ exclusive　メンバー限定の、独占的な

> **Wait!**
>
> **Don't miss your last chance/to visit again/to see/more for less!//**
> **Before you check out,/book your next stay/at any of our Spencer**
> **Resorts/and/receive an exclusive 10 percent discount/on your**
> **next stay.//The discount will be applied/automatically/if/you**
> **book/through our Web site/using your membership ID.//We**
> **hope/you enjoyed your stay!//**

内容確認問題
英文の内容と一致していたらTに、一致していなければFに〇を付けましょう。

1. この広告はホテルの宿泊客に向けられたものだ。　　　T / F
2. Spencer Resortsはホテルチェーンだ。　　　　　　　T / F
3. 割引を受けるには会員証を提示する。　　　　　　　T / F

［訳例］

Wait!
待って！

Don't miss your last chance/to visit again/to see/more for less!//
逃さないであなたの最後のチャンスを　　/再度訪れるための　/目にするために /少ない出費でより多くを!//

Before you check out,/book your next stay/
チェックアウトの前に、　　　　/次の滞在を予約してください/

at any of our Spencer Resorts/and/
私たち Spencer Resortsのいずれかに　　/そして /

receive an exclusive 10 percent discount/on your next stay.//
メンバー限定の10%引きを受け取ってください　　　/次回の滞在での。　　　//

The discount will be applied/automatically/if/you book/
この割引は適用されます　　　　　/自動的に　　/もし〜ならば→/あなたが予約する/

through our Web site/using your membership ID.//
ウェブサイト経由で　　　/会員番号を使って。　　　//

We hope/you enjoyed your stay!//
私たちは望む→/あなたが滞在を楽しんだことを!//

［内容確認問題の正解］　1.T　　2.T　　3.F

Challenge 2　Notice（告知）

次は短い告知なので本当に大切なことしか書いてありません。内容の記憶を維持する練習にちょうどいい長さです。

語注：□ at all times　常に　□ alternatively　代わりに

Notice

Higgs Conference Center will not be responsible/for any lost items.//Please keep/your valuables/secure/at all times/or/alternatively/use/the complimentary guest lockers/in the lobby.//We also ask/that you turn off/your mobile phone/before/entering the conference rooms/during events.//Calls should only be made/in hallways and lobbies.//Thank you for your cooperation.//

内容確認問題
英文の内容と一致していたらＴに、一致していなければＦに◯を付けましょう。
1. Higgs Conference Centerには貴重品預かり所がある。　　　　　　T / F
2. Higgs Conference Centerのロビーのロッカーは無料で使える。　　T / F
3. Higgs Conference Centerでは携帯電話を使えるのはロビーだけだ。　T / F

［訳例］

Notice
お知らせ

Higgs Conference Center will not be responsible/for any lost items.//
Higgs Conference Center は責任を持たない　　　　　　　　/あなたの紛失物に対して。//

Please keep/your valuables/secure/at all times/or/alternatively/use/
保持してください/あなたの貴重品を　/しっかりと /常に　　/または/代わりに　　/使って/

the complimentary guest lockers/in the lobby.//
無料の来館者用ロッカーを　　　　　/ロビーの。　　//

We also ask/that you turn off/your mobile phone/before/
私たちはまたお願いする→/あなたが切ることを/あなたの携帯電話を　/〜の前に/

entering the conference rooms/during events.//
会議室への入室の /イベントの間は。 //

Calls should only be made/in hallways and lobbies.//
通話は限られている /廊下とロビーに。 //

Thank you for your cooperation.//
ご協力に感謝します。 //

[内容確認問題の正解] 1. F 2. T 3. F

Challenge 3 Memo（社内回覧）

本文が62 wordsの、社内回覧を目的としたMemoを読んでみましょう。書き手
が伝えたい重要なことは何かを推測しながら読み進めましょう。

語注：□ partnership 提携関係、協力関係 □ align 〜を調整する
□ technology-related 技術関連の □ patio 中庭

To: Technology Department Staff
From: Ryan Ito

Date: January 21
Subject: Welcome Party

Tim Saratoga,/former director of Moreno Digital,/will be
joining/our team/next week/as the chief technology officer.//He
will be working/on developing new partnerships/in the
industry/and/aligning technology-related decisions/with the
organization's goals.//Please join us/in welcoming Tim/from
noon/on January 30.//We will have a casual luncheon session/on
the patio.//Mark your calendars!//

Ryan Ito

英文の内容と一致していたらTに、一致していなければFに〇を付けましょう。
1. Tim Saratogaは昇進した。 　　　　　　　　　　　　T / F
2. Tim Saratogaの新しい役目は技術開発を指導することだ。 　T / F
3. Tim Saratoga の歓迎会は屋外で催される。 　　　　　　T / F

[訳例]
※主語と主動詞を明確にするために、主語の言い換えになっている挿入句には破線を引いています。

To: Technology Department Staff
宛先：技術部門スタッフ

From: Ryan Ito
Date: January 21
Subject: Welcome Party
件名：歓迎会

Tim Saratoga, /former director of Moreno Digital, /will be joining /our team/
Tim Saratoga、　　/Moreno Digitalの前のdirector、　　/は参加する　　/我々のチームに/

next week /as the chief technology officer.//
来週　　　/最高技術責任者として。　　//

He will be working /on developing new partnerships /in the industry /and/
彼は働く　　　　/新しい提携関係の開拓で　　　　/業界での　　　/そして/

aligning technology-related decisions /with the organization's goals.//
技術関連の決定を調整する　　　　　　/組織の目標との間で。　　　　//

Please join us /in welcoming Tim /from noon /on January 30.//
参加してください　/Timを歓迎するのに　/正午から　/January 30の。　//

We will have /a casual luncheon session /on the patio.//
私たちは開く　　/カジュアルな昼食会を　　　/中庭で。　//

Mark your calendars!//
カレンダーに印を付けて!// （予定に入れて）

Ryan Ito

[内容確認問題の正解]　1. F　　2. F　　3. T

この後の2つの文書にはスラッシュが入っていません。まず語注に目を通し、自分で（頭の中で）スラッシュを入れながら読んでみましょう。

Challenge 4　Notice（告知）

タイトルも内容のヒントになっています。何の告知をしているのか考えながら読んでいきましょう。

語注：□ buddy　（助け合う）仲間　□ expertise　専門知識　□ wisdom　知恵

New Employee Support Program

Are you a new employee? In order to successfully navigate through your first couple months at work, sign up to be matched with an employee buddy who wants to share his or her expertise and wisdom. The program is a great way to expand your network and learn about your coworkers. E-mail Sarah Kim in HR before September 15 to apply.

内容確認問題
英文の内容と一致していたらTに、一致していなければFに○を付けましょう。
1. 新入社員の指導係を募集している。　　T / F
2. 新入社員は2カ月の研修中だ。　　　　T / F
3. 新入社員は書面で参加を申し込む。　　T / F

［スラッシュと訳例］
New Employee Support Program
新人従業員支援プログラム

Are you a new employee?//
あなたは新入社員？　　　　　　//

In order to/successfully navigate/through your first couple months/at work,/
するために→　/うまくやっていく　/最初の2、3カ月を通して　　　/職場で、/

第2章 ● スラッシュリーディング

75

sign up/to be matched/with an employee buddy/who wants/to share/
登録してください/めぐり合うために /助け合う仲間の従業員と　　/その人は望んでいる /分かち合うことを /

his or her expertise and wisdom.//
その人の専門知識と知恵を。　　　　//

The program is a great way/to expand your network/and/
このプログラムは素晴らしい方法だ　　/あなたのネットワークを広げるための /そして/

learn about your coworkers.//
同僚のことを知るための。　　　　//

E-mail/Sarah Kim/in HR/before September 15/to apply.//
メールしてください/Sarah Kim に　/人事の /September 15より前に /申し込みのために。//

[内容確認問題の正解]　1. F　　2. F　　3. F

Challenge 5　E-mail（メール）

本文は62words。ヘッダーは語数のカウントに入っていませんが、送受信者の関係や件名も内容のヒントになるので目を通しておきましょう。

語注：□ update　〜を更新する　□ valid　有効な　□ on file　記録上に、記録されて

To: pattyjames@gotmail.com
From: reservations@NThotel.com
Date: April 17
Subject: Action Required

Dear Patty James,

Thank you for booking your next stay with us. You have received this e-mail because your account information needs to be updated. In order to give you the spring sale rate, we must have valid credit card information on file before the special offer ends at midnight, on April 19. Please log in and input the necessary information at your earliest convenience.

Sincerely,

```
┌─────────────────────────────────────────┐
│  John Woods                               │
│  Reservations Manager                     │
│                                           │
└─────────────────────────────────────────┘
```

内容確認問題

英文の内容と一致していたらTに、一致していなければFに〇を付けましょう。

1. Patty Jamesはホテルの予約に失敗した。　　　　　　　　　　T / F

2. Patty Jamesは登録情報に不備がある。　　　　　　　　　　T / F

3. チェックイン時にクレジットカードを提示すれば割引が受けられる。　T / F

［スラッシュと訳例］

To: pattyjames@gotmail.com

From: reservations@NThotel.com

Date: April 17

Subject: Action Required
件名：求められる手続き

Dear Patty James,

Thank you/for booking/your next stay/with us.//
Thank you　　/予約してくれて　/次の宿泊を　　/私どもに。//

You have received/this e-mail/because your account information needs/
あなたは受け取った　　/このメールを　/なぜならあなたのアカウント情報は必要だから/

to be updated.//
更新されることが。　//

In order to give you/the spring sale rate,/we must have/
あなたに与えるために　　/春のセール価格を、　　/私たちは必要だ/

valid credit card information/on file/before/the special offer ends/
有効なクレジットカード情報が　　/記録に　/〜より前に/特別価格の提供が終わる/

at midnight,/on April 19.//
深夜0時に、　　/April 19の。　//

Please log in/and/input/the necessary information/
ログインしてください/そして/入力してください/必要な情報を/

at your earliest convenience.//
都合が付き次第。　　　　//

Sincerely,

John Woods
Reservations Manager
予約マネジャー

［**内容確認問題の正解**］　1．F　　2．T　　3．F

この章のまとめ：一直線に読むために

・脳内会話で付加情報や詳細情報、説明や発言内容を聞き出すイメージで
　読み進める。
・英文の情報は、語順どおりに頭の中で積み重ねながら読み取る。
・後ろから訳しそうになったら「次のこと／もの／ひと／場合」などを挿
　入して、いったん区切る。
・意識のチェンジ！　英語の１文を日本語の１文に直さなくてもOK。

3

第3章

音声を使った
トレーニング

この章では、音声を使ったトレーニングで、
スラッシュリーディングの感覚を身に付けましょう。

3つのトレーニング

本章では、後戻りできないという音声の性質を生かしたトレーニングを行います。ここで取り組むトレーニングは以下の3種類です。いずれも、**スラッシュリーディングで一直線に読む感覚を強化する**のが目的です。

1. 音声を聞きながら、意味の固まりごとに訳を口に出して、英文の内容を整理していくイメージをつかむ「**同時通訳体験**」トレーニング

2. 読み上げられる音声に沿って、英文を一直線読みしながら、意味の固まりごとに内容を思い浮かべていくイメージをつかむ「**聞き読み**」トレーニング

3. 複数の文から成るまとまった文書を、120 wpm のペースで一直線読みしながら、英文の内容を把握していく「**脳内音読**」トレーニング

それぞれ、第2章までに読んだ文や文書を使ってトレーニングしていきます。

1.「同時通訳体験」トレーニング

① 意味の固まりごとに英語と日本語が交互に入った文を目で追いながら、テキストどおりに収録された音声 [002] を聞きます。
② 同じ文を見ながら、日本語の代わりにポーズが入った音声 [003] を聞き、ポーズで訳文を口に出して読んでください。同時通訳風に、前から順に意味を取る感覚が得られれば成功です。

では、下の英文を使って肩慣らしです。

英文+訳 🔊 002 ／英文+ポーズ 🔊 003

1. He learned/彼は学んだ /to appreciate/価値を認めることを /local traditions and cultures./地元の伝統と文化の。//

2. We collaborate/私たちは協力する /with such organizations/そのような組織と /to support/支援するために /a variety of activities./色々な活動を。//

3. The device allows/その機器は可能にする/users/ユーザーが/to watch movies/映画を見ることを/or/あるいは/listen to music/音楽を聴くことを/comfortably./心地よく。//

第2章で読んだ文を使ってトレーニングを開始しましょう。

※主語と主動詞を明確にするために、主語の言い換えになっている挿入句には破線を引いています。

英文＋訳 🔊 004 ／英文＋ポーズ 🔊 005

1. We hope/私たちは望む/you enjoyed/あなたが楽しんだことを/your stay!/滞在を！//

2. Thank you/Thank you/for booking/予約してくれて/your next stay/次の宿泊を/with us./私どもに。//

3. Higgs Conference Center/Higgs Conference Centerは/will not be responsible/責任を持たない/for any lost items./いかなる紛失物に対しても。//

4. Please log in/ログインしてください/and/そして/input/入力してください/the necessary information/必要な情報を/at your earliest convenience./都合がつき次第。//

5. Please join us/参加してください/in welcoming/歓迎するのに/Tim/Timを/from noon/正午から/on January 30./January 30の。//

6. Tim Saratoga,/Tim Saratoga、/former director/前のdirector/of Moreno Digital,/Moreno Digitalの、/will be joining/は参加する/our team/我々のチームに/next week/来週/as the chief technology officer./最高技術責任者として。//

7. E-mail/メールして/Sarah Kim/Sarah Kimに/in HR/人事の/before September 15/September 15より前に/to apply./申し込みのために。//

8. Don't miss/逃さないで/your last chance/あなたの最後のチャンスを/to visit again/もう一度訪れるために/to see/見るために/more for less!/少ない出費でより多くを！//

9. He will be working/彼は働くことになる/on developing new partnerships/新しい提携関係の開拓に/in the industry/業界での/and/そして/aligning/調整する/technology-related decisions/技術関連の決定を/with the organization's goals./組織の目標との間で。//

10. Please keep/保持してください/your valuables/あなたの貴重品を/secure/しっかりと/at all times/常に/or/あるいは/alternatively/代わりに/use/使用してください/the complimentary guest lockers/無料の来館者用ロッカーを/in the lobby./ロビーの。//

11. Before you check out,/チェックアウトの前に、/book/予約してください/your next stay/次の滞在を/at any of our Spencer Resorts/私たちSpencer Resortsのいずれかに/and/そして/receive/受け取ってください/an exclusive 10 percent discount/メンバー限定の10%引きを/on your next stay./次回の滞在で。//

12. You have received/あなたは受け取った/this e-mail/このメールを/because/なぜなら/your account information/あなたのアカウント情報は/needs/必要だ/to be updated./更新されることが。//

13. The program is/このプログラムは/a great way/素晴らしい方法だ/to expand/広げるために/your network/あなたのネットワークを/and/そして/learn/知るために/about your coworkers./同僚のことを。//

14. The discount will be applied/この割引は適用される/automatically/自動的に/if/もし次のことをすれば/you book/予約する/through our Web site/ウェブサイト経由で/using your membership ID./会員番号を使って。//

15. In order to/次のことをするために/give you/あなたに与える/the spring sale rate,/春のセール価格を、/we must have/私たちは必要だ/valid credit card information/有効なクレジットカード情報が/on file/記録上に/before/次のことより前に/the special offer ends/特別価格の提供が終わる/at midnight,/深夜0時に、/on April 19./April 19の。//

16. We will have/私たちは持つ/a casual luncheon session/カジュアルな昼食会を/on the patio./中庭で。//Mark/印を付けて/your calendars!/予定表に!//

17. We also ask/私たちはまた次のことをお願いする/that you turn off/あなたは切る/your mobile phone/携帯電話を/before/次のことの前に/entering the conference rooms/会議室への入室/during events./イベントの間は。//Calls should only be made/通話をするのは限られている/in hallways and lobbies./廊下とロビーに。//Thank you for your cooperation./ご協力に感謝します。//

18. Are you a new employee?/あなたは新入社員ですか。//In order to/次のことをするために/successfully navigate/うまく進んでいく/through your first couple months/最初の2、3カ月を通して/at work,/職場で、/sign up/登録してください/to be matched/巡り合うために/with an employee buddy/助け合う仲間の従業員と/who wants/その人は望んでいる/to share/分かち合うことを/his or her expertise and wisdom./その人の専門知識と知恵を。//

ステップアップトレーニング

上で練習した各英文は、第2章の「仕上げのトレーニング Part 2」に出てきた5つの文書を長さ順（難易度順）にバラバラにしたものです。余裕のある方は、これらを元に戻した以下の5つの音声を使って、文書ごとの「同時通訳体験」トレーニングにも挑戦してみてください。

※以下の音声では、同時通訳体験をしやすいように、第2章よりも細かく区切っています。

Wait!（p. 71）　英文＋訳 🔊 006 ／英文＋ポーズ 🔊 007
Notice（p. 72）　英文＋訳 🔊 008 ／英文＋ポーズ 🔊 009
Memo（p. 73）　英文＋訳 🔊 010 ／英文＋ポーズ 🔊 011
New employee Support Program（p. 75）
　　　　　　　　英文＋訳 🔊 012 ／英文＋ポーズ 🔊 013
E-mail（p. 76）　英文＋訳 🔊 014 ／英文＋ポーズ 🔊 015

2.「聞き読み」トレーニング

前に戻ることができない音声の特色を生かして、一直線読みをしながら英文の意味を取っていく感覚を養うトレーニングです。音声を聞いて、意味の固まりごとに入ったポーズの間に、その固まりの部分の意味を思い浮かべましょう。このトレーニングでは訳を口に出すことはしません。音声は次の3タイプあります。

タイプ①：意味の固まりを短く設定
タイプ②：意味の固まりを長く設定
タイプ③：ポーズなし

タイプ①から③へと難易度が高くなります。③では音声と同時に意味を思い浮かべて、一直線読みをしながら意味をとらえていく感覚を養います。前のトレーニングで使った英文で手順を確認してください。

タイプ① 🔊 016　　**タイプ②** 🔊 017　　**タイプ③** 🔊 018

1-① He learned/to appreciate/local traditions and cultures.//
1-② He learned/to appreciate local traditions and cultures.//

2-① We collaborate/with such organizations/to support a variety of activities.//
2-② We collaborate with such organizations/to support a variety of activities.//

3-① The device allows/users/to watch movies/or/listen to music/ comfortably.//
3-② The device allows users/to watch movies or listen to music/ comfortably.//

では本格的にトレーニング開始です。

※主語と主動詞を明確にするために、主語の言い換えになっている挿入句には破線を引いています。

タイプ① 🔊 019　タイプ② 🔊 020　タイプ③ 🔊 021

1-① Thank you/for booking/your next stay/with us.//
1-② Thank you/for booking your next stay/with us.//

2-① Please log in/and/input/the necessary information/at your earliest convenience. //
2-② Please log in/and/input the necessary information/at your earliest convenience.//

3-① Please join us/in welcoming/Tim/from noon/on January 30./
3-② Please join us/in welcoming Tim/from noon on January 30./

4-① Tim Saratoga,/former director/of Moreno Digital,/will be joining/our team/next week/as the chief technology officer.//
4-② Tim Saratoga,/former director of Moreno Digital,/will be joining our team/next week/as the chief technology officer.//
5-① Don't miss/your last chance/to visit again/to see/more for less!//
5-② Don't miss your last chance/to visit again/to see more for less!//

EXERCISE 2 ［文は長め、文の構造もやや複雑］

タイプ① 🔊 022　タイプ② 🔊 023　タイプ③ 🔊 024

1-① He will be working/on developing new partnerships/in the industry/and/aligning/technology-related decisions/with the organization's goals.//
1-② He will be working on developing/new partnerships in the industry/and/aligning technology-related decisions/with the organization's goals.//

2-① Before you check out,/book/your next stay/at any of our Spencer

2-① Before you check out,/book/your next stay/at any of our Spencer Resorts/ and/receive/an exclusive 10 percent discount/on your next stay.//

2-② Before you check out,/book your next stay/at any of our Spencer Resorts/ and/receive an exclusive 10 percent discount/on your next stay.//

3-① You have received/this e-mail/because/your account information/ needs/to be updated.//

3-② You have received this e-mail/because/your account information/needs to be updated.//

4-① The discount will be applied/automatically/if/you book/through our Web site/using your membership ID.//

4-② The discount will be applied automatically/if/you book through our Web site/using your membership ID.//

5-① In order to/give you/the spring sale rate,/we must have/valid credit card information/on file/before/the special offer ends/at midnight,/on April 19.//

5-② In order to give you the spring sale rate,/we must have valid credit card information/on file/before/the special offer ends/at midnight, on April 19.//

EXERCISE 3 ［複数文］

タイプ① 🔊 025   タイプ② 🔊 026   タイプ③ 🔊 027

1-① We will have/a casual luncheon session/on the patio.//Mark/your calendars!//

1-② We will have a casual luncheon session/on the patio.//Mark your calendars!//

2-① We also ask/that you turn off/your mobile phone/before/entering the conference rooms/during events.//Calls should only be made/in hallways and lobbies.//Thank you for your cooperation.//

2-② We also ask/that you turn off your mobile phone/before/entering the conference rooms/during events.//Calls should only be made in hallways and lobbies.//Thank you for your cooperation.//

3-① Are you a new employee?//In order to/successfully navigate/through your first couple months/at work,/sign up/to be matched/with an employee buddy/who wants/to share/his or her expertise and wisdom.//

3-② Are you a new employee?//In order to successfully navigate/through your first couple months/at work,/sign up to be matched/with an employee buddy/who wants to share/his or her expertise and wisdom.//

3.「脳内音読」トレーニング

英語の語順に沿って**頭の中での音読（脳内音読）**を行い、内容を把握するトレーニングです。

ここでも、第2章の「仕上げのトレーニング Part 2」で読んだ5つのパッセージを使います。次の3つのステップを、0.8倍速、0.9倍速、1倍速の3種類の音声で練習することができます。最終的には1倍速（120 wpm）を目標としますが、最初は0.8倍速から1つずつ焦らずに進めてください。

ステップ1 音声に合わせて、文を目で追います。最終的には1倍速で文を目で追うことで、Part 7を解き終えるために必要な読解スピードの指針120 wpmの感覚を身に付けます。また、音声に合わせて目を動かすことで、文書全体を繰り返し読みせずに一直線に読むことにも慣れていきます。

ステップ2 音声に合わせて、文を目で追えるようになったら、「聞き読みトレーニング」を思い出して、英文の内容を頭に思い浮かべながら音声に合わせて読んでみましょう。0.8倍速から始め、1倍速で内容が理解できるようになったら、ステップ3に進みます。

ステップ3 最後は、時計やストップウオッチなど時間を計測できるものを用意して、TOEICの本番を想定しながら音声なしで読んでみましょう。以下に挙げた文書を、どれもおよそ30秒前後で読み終えられたら、目標の120 wpmの達成です。

Challenge 1

🔊 028 0.8倍速　🔊 029 0.9倍速　🔊 030 1倍速

Wait!

Don't miss your last chance to visit again to see more for less!
Before you check out, book your next stay at any of our Spencer
Resorts and receive an exclusive 10 percent discount on your next
stay. The discount will be applied automatically if you book
through our Web site using your membership ID. We hope you
enjoyed your stay!

Challenge 2

🔊 031 0.8倍速　🔊 032 0.9倍速　🔊 033 1倍速

Notice

Higgs Conference Center will not be responsible for any lost items.
Please keep your valuables secure at all times or alternatively use
the complimentary guest lockers in the lobby. We also ask that you
turn off your mobile phone before entering the conference rooms
during events. Calls should only be made in hallways and lobbies.
Thank you for your cooperation.

Challenge 3

🔊 034 0.8倍速　　🔊 035 0.9倍速　　🔊 036 1倍速

To: Technology Department Staff
From: Ryan Ito
Date: January 21
Subject: Welcome Party

Tim Saratoga, former director of Moreno Digital, will be joining
our team next week as the chief technology officer. He will be
working on developing new partnerships in the industry and
aligning technology-related decisions with the organization's goals.
Please join us in welcoming Tim from noon on January 30. We will
have a casual luncheon session on the patio. Mark your calendars!

Ryan Ito

Challenge 4

🔊 037 0.8倍速　　🔊 038 0.9倍速　　🔊 039 1倍速

New Employee Support Program

Are you a new employee? In order to successfully navigate through
your first couple months at work, sign up to be matched with an
employee buddy who wants to share his or her expertise and
wisdom. The program is a great way to expand your network and
learn about your coworkers. E-mail Sarah Kim in HR before
September 15 to apply.

第3章 音声を使ったトレーニング

Challenge 5

🔊 040 0.8倍速　🔊 041 0.9倍速　🔊 042 1倍速

To: pattyjames@gotmail.com
From: reservations@NThotel.com
Date: April 17
Subject: Action Required

Dear Patty James,

Thank you for booking your next stay with us. You have received
this e-mail because your account information needs to be updated.
In order to give you the spring sale rate, we must have valid credit
card information on file before the special offer ends at midnight,
on April 19. Please log in and input the necessary information at
your earliest convenience.

Sincerely,
John Woods
Reservations Manager

第7章と第8章の文書、巻末のハーフ模試の英文も約120 wpm の速度で読んだ
音声が用意されていますので、「脳内音読」トレーニングなどに使ってください。

この章のまとめ

・音声を使った3つのトレーニングで、一直線読みの感覚を身に付ける。
・同時通訳体験：一直線読みしながら、意味の固まりごとに訳を口にして、
　内容を整理していく感覚をつかむ。
・聞き読み：一直線読みしながら、意味の固まりごとに内容を思い浮かべ
　ていく感覚をつかむ。
・脳内音読：120 wpm のペースで一直線読みしながら、英文の内容を把
　握していく。

4

第4章

定番表現の
ビジュアル化

一度に把握できる意味の固まりが大きければ大きいほど、
「戻り読み」も減り、一直線読みが容易になります。
そのために効果的なのが定番表現のビジュアル化です

1. ビジュアル化とは？

英文を「戻り読み」せずに、一直線に読んでいくには、**一度に理解できる意味の固まりを大きくしていくこと**が不可欠です。
そのためには英文をたくさん読んだり聞いたりするのが一番ですが、ほかにも方法があります。カギとなるのは**定番表現**です。

例えば、店頭などでよく見かけるThank youという英語表示を目にしたとき、これを「あなたに感謝します」とか、「感謝します、あなたに」などと一語一語日本語に置き換えて訳す人はまれでしょう。
多くの人は「ありがとうございます」と言う日本語すら思い浮かべず、直接「**感謝の気持ち**」を受け取っているのではないでしょうか。

 このような感じに。

それならば、Thank you for registering for our upcoming Robot-Tech Conference.も

 /for registering for our upcoming Robot-Tech Conference.と読めば、「〜してくれてありがとうございます」のような後ろから訳し上げた日本語にならずに、文頭から文末に向けて一直線に読むことができます。こうした作業を本書ではビジュアル化と呼ぶことにします。

2. 定番フレーズをビジュアル化する

thank youはたった2語ですが、例えばWe are excited to 〜（〜することにワクワクしています）やWe apologize in advance for 〜（〜に対してあらかじめおわび申し上げます）のような、より長いフレーズをたくさんビジュアル化できるようになれば、その分、語順通りに読み進める固まりが大きくなり、文頭から文末への一直線の目の動きもよりスムーズになります。

We are excited to 〜なら、ワクワクしてうれしそうにしている人を、We

apologize in advance for ~なら、誰かに謝るように頭を下げている人を思い浮かべるのはどうでしょう。We apologize in advance for any inconvenience. （ご不便をおかけいたしますことをあらかじめおわび申し上げます）なら、1文まるまる、頭を下げている人の一枚の絵で完結してもいいくらいです。

以下に、定番表現をいくつかビジュアル化してみました。
各一覧の後に、イメージしたイラストをさらに簡略化したアイコンを挿入して英文を読む例を挙げましたので、目を通して感覚をつかんでください。
ただし、これらはあくまでも一例です。これらのアイコンを覚えましょうという練習ではありません。実際には皆さん一人ひとりが、自分がすぐに思いつくアイコンを創作してくだされば結構です。

1. 伝える

定番表現	イメージ	アイコン
inform ~ of/that . . . 情報を伝えるべき狭い範囲にのみ伝える		
announce to do/that . . . 広範囲に発表する		
Notify ~ of/to do/that . . . より正式に発表する		

［例］
Opal Sky Airline has announced/that it will launch a new reward program/ in August.//
Opal Sky Airline 🗣 /新しいリワード（褒賞）プログラムを始めることを/8月に//。

Elan Sports Club has informed its members/of the temporary closure/for renovations.//

Elan Sports Club ⌔ 会員に/一時休業することを/改修工事のために。//

Store managers should notify their staff/that the special sale will be in effect/next month.//

Store managers should 📋 スタッフに/特別セールを実施する/来月。//

2. 喜んで伝える

定番表現		イメージ	アイコン
excited to **pleasure to** **delighted to** **happy to** **honored to** 光栄に思う **proud to** 誇りに思う	**inform** 情報を伝えるべき相手に 伝える（狭い範囲）		
	announce 広範囲に発表する		

［例］

We are happy to inform you/that you have been named/the employee of the year.//

私たちは 👓 /あなたが選ばれたことを/the employee of the year に。//

We are pleased to announce/that Ms. Hughes has been appointed/new director.//

私たちは 🎤 /Ms. Hughes が任命された/新ディレクターに。//

94

3. 残念そうに伝える

定番表現		イメージ	アイコン
regret to **sorry to** **sad to**	**inform** 情報を伝えるべき相手に伝える（狭い範囲）		
	announce 広範囲に発表する		

［例］

We are sorry to announce/that tonight's Circus Orchid show has been postponed/due to the inclement weather.//

We 😔 /今夜のCircus Orchid showが延期になったことを /荒天のせいで。//

The Saratoga Museum regrets to inform visitors/that the on-site cafe closes an hour earlier/than usual/this month.//

The Saratoga Museum 👓 来館者に /館内のカフェが1時間早く閉店することを /いつもより /今月は。//

4. 依頼する

定番表現	イメージ	アイコン
依頼する **ask 人 to do** **ask that**		
依頼をされる **be asked to do**		

[例]

We ask/that you fill out our satisfaction survey/to help/us continue/to improve our services.//

私たちは /あなたが満足度調査に記入することを/助けるために→/私たちがし続けることを→/サービスをよりよく。//

You may be asked/to wait in line/at the entrance/if you arrive early.//

You may /列に並ぶように/入り口で/もし早く着いたら。//

 askのほかにもrecommend、suggest、request、say、hope、think、considerなども、thatの後に続く内容を主語が発言してるイメージをビジュアル化できると、意味の固まりを広げて理解しやすくなります。

5. そのほかの定番表現

定番表現	イメージ	アイコン
感謝する **thank you for** **appreciate you** **be appreciated** **acknowledge**		
謝罪する **apologize (in advance) for** **make an apology for** **please accept our apologies** **express an apology**		
気の毒に思う／申し訳なく思う **sorry to hear**		
メール（手紙）の目的を伝える **I'm writing to** **I am responding to**		

注意を促す
note

[例]

Thank you/for your positive feedback/regarding our new product.//
☺ /よいフィードバックを/新製品への。//

Please accept our apologies/for the late delivery/of your order.//
😔 /配送の遅れについて/あなたからの注文の。//

We are sorry to hear/that your experience with us/was not pleasant.//
私たちは 😣 /私どもでの体験が/楽しいものではなかったことを。//

I am responding/to your inquiry/about/the locations of our stores/in Australia.//
💻 /問い合わせについて/に関する→/私たちの店の場所/オーストラリアにある。//

Please note/that free samples will be distributed/after the press conference.//
Please ☝ /無料の試供品が配布されます/記者会見後に。//

ほかにもいろいろな定番表現があります。どのような場面でよく使われるのか、どんな動作や表情と関連するのかも考えて、伝えたい意図を瞬時にイメージできるフレーズを増やしていきましょう。

この章のまとめ

・TOEICの長文に出てくる定番表現を覚え、読む際には日本語に変換せずに、自分独自のイメージにビジュアル化する癖を付ける。
・ビジュアル化することで、一度に把握できる意味の固まりが広がり、一直線読みが容易になる。

同時通訳者に聞く、一直線読みのコツ　その2

Q2　きれいな日本語にしようとすると、前置詞、関係詞、接続詞、不定詞など
に続く部分は、先に訳出する必要がありそうですが、あくまでも英語の語順通り
に訳すためのコツはありますか?

森田：**次にどういった内容が来るのかの予測が大切です。**「この話の流れなら、次
にどのような情報が来るだろうか」と予測しながら、ポイントとなる単語を、日本
語に置き換えていきます。
例えば次の太字のような感じです。

> The event / will be held / **on** / June 5 / **at** Grand Hotel.
> イベントの / 開催ですが / **日程は** / 6月5日で / **場所は** Grand Hotelです。

> There will be a workshop / for editors / **who** / have been employed /
> for more than five years.
> 研修が / 編集者向けに開催されますが / **ただし** / 入社して / 5年以上が条件とな
> ります。

上の例で説明すると、
・1文目の on は、この流れと文の構造だと日程を意味する前置詞だろうと予測し
　て、「日程は」という日本語に置き換えています。
・同じく1文目の at は、日程の情報の次には場所の情報が来ることが多いので、
　ここでも場所を意味する前置詞だろうと予測して「場所は」とし、その後の訳を
　続けています。
・2文目の関係詞 who は、関係代名詞の制限用法だろうと予測して、「ただし」に
　置き換えています。
そのほか、
・before は、「その後で」に置き換えることがあります。A before B＝「Aの後でB」
　といった具合です。

中井：**前置詞、関係詞、接続詞などは、そのときの文意・文脈で訳し分けて、日
本語をつないでいきます。**
ただし、きれいに訳す癖が付いてしまうと、日本語を考える時間が発生して、か
えって英文の処理スピードが落ちてしまいます。**きれいな日本語に訳すことより
も、直訳風でいいので英語の語順で処理して意味を理解する方が、TOEIC対策と
しては有効だと思います。**

第5章

まとまった文書の
ビジュアル化

定番表現だけではなく、
一つのパラグラフの内容をまるごとイメージできると、
読解がさらに楽になります。
この章では文書のビジュアル化に
挑戦してみましょう。

パラグラフ単位のビジュアル化

英文をビジュアル化する

次の手紙のように、複数の段落から成り、語数の多い文書は、内容を記憶するのが難しいと感じるかもしれません。こうした英文でも最後まで一直線に読みながら、内容を記憶するにはどうしたらいいのでしょう。

Dear Mr. Buckley,

Thank you for your feedback regarding your stay on May 4. Our goal is to provide a comfortable stay to guests. However, I understand that we did not meet your expectations. I want to extend my sincerest apologies for the negative experience that you had.

I have talked to the hotel manager, Brenda Baker, about the bathrooms not being clean and your attendant making a mistake with your baggage. We believe cleanliness is essential for the hotel rooms, so we do our best to train our housekeepers to properly keep our facilities hygienic. Our attendants also have been asked to participate in a re-training program to better serve our guests.

We appreciate you bringing the issues to our attention. We hope your concerns have been handled properly and would like to ask for another chance to serve you. Please find enclosed a $100 gift certificate.

If you have any questions or further comments, Brenda Baker will be happy to speak with you. Once again, please accept our sincere apologies.

Sincerely,

Kevin Segundo
General Manager
Bird Hill Inn

文書を繰り返し読みせず、一度のリーディングで内容を記憶するには、段落ごとに大切な情報を要約できると理想的です。

しかし、次々に入ってくる情報を短時間でメモもしないで、脳内だけで要約し、記憶していくのは楽なことではありません。

では、もし文に挿絵が付いていたらどうでしょう。記憶の助けになりそうですね。**ビジュアルが付くと話の流れを把握しやすくなり、内容も記憶しやすくなるのです**。ならば、前の章で扱った定番フレーズだけでなく、英文全体も、自分の頭の中でビジュアル化しましょう。

文書のビジュアル化はこんな感じで

先ほどの手紙を例に使って**ビジュアル化**をしてみましょう。1段落ずつシーンを描いていきます。
※スラッシュと訳例はp. 106～

第1段落

Thank you for your feedback regarding your stay on May 4. Our goal is to provide a comfortable stay to guests. However, I understand that we did not meet your expectations. I want to extend my sincerest apologies for the negative experience that you had.

このメールの書き手は、宿泊客からのfeedbackに書かれた、よくない出来事を知り、お客さまに謝罪しています。

第1段落の冒頭のThank youは、わざわざビジュアル化しなくてもfeedback（お客さまの声）に対応するための手紙だと分かるので、手紙の書き手がfeedback

に書かれていた内容に、謝罪を表明しているところだけをビジュアル化ができれば十分です。

第2段落

I have talked to the hotel manager, Brenda Baker, about the bathrooms not being clean and your attendant making a mistake with your baggage. We believe cleanliness is essential for the hotel rooms, so we do our best to train our housekeepers to properly keep our facilities hygienic. Our attendants also have been asked to participate in a re-training program to better serve our guests.

feedbackに書かれた内容について、支配人のBrenda Bakerと話し合って、担当者の再教育を決めたと書いています。

もう1人の関係者が出てきたので、その人と話し合った内容をビジュアル化しています。

第3段落

We appreciate you bringing the issues to our attention. We hope your concerns have been handled properly and would like to ask for another chance to serve you. Please find enclosed a $100 gift certificate.

クレームに指摘された状況が改善したので、もう一度サービスをさせていただきたい。そこでクーポンを差し上げますと言っています。

第4段落

> If you have any questions or further comments, Brenda Baker will be happy to speak with you. Once again, please accept our sincere apologies.

質問はBrend Bakerが承ります。

どうですか。手紙の中での話の流れは頭の中に整理されたでしょうか。
ビジュアル化するとストーリーが要約されて、記憶するための負担が少なくなります。
実際に絵が描けなくても、自分でストーリーを印象に残せるイメージが浮かべば十分です。

EXERCISE 1

次の文書を読みながら、その場面を描いてみましょう。もちろん、頭の中だけで十分です。最初は人物を紹介する短い段落です。人物もビジュアル化してみましょう。
※スラッシュと訳例はp. 108

語注：□ be named　選ばれた

Josh Chang was named one of the Five Most Popular Chefs in the Bay Area in 2018. He is not only a talented chef but also a well-known cooking teacher who teaches home-style cooking on a TV show that introduces traditional Asian dishes.

EXERCISE 2

article（記事）はビジュアル化しやすいタイプの文書です。内容は新しい音楽ホールの建設にまつわる話です。※スラッシュと訳例はp. 108

語注：□ naming　命名　□ fascinating　魅惑的な

On September 1, Gardena City Council approved the naming of the new civic hall as "William Brown Hall." William Brown, who was born and grew up in Gardena, was a beloved opera singer with a lifelong commitment to supporting our community. His musical partners took leadership to raise funds. With support from numerous community members, their efforts have helped build the new civic hall, which is one of the most fascinating music halls in the neighborhood.

EXERCISE 3

今度は、企業買収の記事の冒頭部分です。テレビのニュース番組ならどのような映像で紹介されるか想像しながら読んでみましょう。※スラッシュと訳例はp. 109

語注：□ acquire　〜を買収する　□ specialize in 〜　〜を専門とする
　　　□ disclose　〜を明らかにする　□ joint press conference　共同記者会見

Coffee chain giant B2Mug announced yesterday that it will acquire Muse's Candies, a Tokyo-based confectionery company that specializes in chocolate bars. Terms of the deal will be disclosed at a joint press conference next month in Tokyo. B2Mug's CEO Samantha Brook said, "I'm looking forward to visiting Muse's factory in Tokyo next month to hold the press conference."

ビジュアル化をすると日本語の介入が減るので、英語の語順で内容を理解するのにも役立ちます。

場面を思い描くのはちょっと苦手という人は、登場人物に好みの俳優やキャラクターの顔を当てはめるだけでもいいでしょう。普段小説を読むときに想像を膨らませている方法をためしてみてはどうでしょうか。

※主語と主動詞を明確にするために、主語を先行詞とする関係詞節には破線を引いています。

[スラッシュと訳例]
※主語と主動詞を明確にするために、主語を先行詞とする関係詞節には破線を引いています。

手紙英文　第1段落

Thank you/for your feedback/regarding your stay/on May 4.//
Thank you　　/あなたのフィードバックに /あなたの滞在に関する　　　/May 4の。　　//

Our goal is/to provide a comfortable stay/to guests.//
私たちの目標は　/心地よい滞在を提供すること　　　/宿泊客に。　//

However,/I understand/that we did not meet your expectations.//
しかしながら、/分かっています→ /私たちはあなたの期待に沿えなかった。　　　　　　//

I want to extend my sincerest apologies/for the negative experience/
心からおわびしたい　　　　　　　　　　/よくない体験に /

that you had.//
あなたがした。　//

手紙英文　第2段落

I have talked/to the hotel manager,/Brenda Baker,/about/
私は話した　　　/ホテルの支配人に、　　　/Brenda Baker、　/について→/

106

the bathrooms not being clean/and/your attendant/making a mistake/
浴室がきれいじゃなかった　　　　　/そして/案内係が　　　　　/ミスをした/

with your baggage.//
あなたの荷物に。　　　//

We believe/cleanliness is essential/for the hotel rooms,/so/we do our best/
我々は信じている/清潔さは不可欠だと　　　/ホテルの部屋に、　　　　/なので/最善を尽くす/

to train our housekeepers/to properly keep our facilities hygienic.//
客室係をトレーニングするために　　/適切に施設を衛生に保つために。　　　　//

Our attendants also/have been asked/to participate in a re-training program/
案内係たちも　　　　　/依頼された　　　/再教育プログラムへの参加を/

to better serve our guests.//
よりよい接客のために。　　　//

手紙英文　第3段落
We appreciate you/bringing the issues to our attention.//
感謝している　　　　　/注意喚起してくれて。　　　　　　//

We hope/your concerns have been handled properly/and/
我々は望む→/あなたの懸念が適切に扱われたことを　　　　/そして/

would like to ask for/another chance/to serve you.//
私たちは求める　　　　/別な機会を　　　/あなたにサービスする。//

Please find/enclosed a $100 gift certificate.//
ご覧ください　　　/同封した$100のギフト券を。　　　　//

手紙英文　第4段落
If/you have any questions or further comments,/
もし〜ならば→/質問や意見がある、/

Brenda Baker will be happy/to speak with you.//
Brenda Baker が喜んで　　　　　/あなたと話します。　　　//

Once again,/please accept/our sincere apologies.//
重ねて申し上げます、/受け入れてください/私たちの心からの謝罪を。　//

EXERCISE 1

Josh Chang was named/one of/
Josh Chang は名前を挙げられた　/〜の一人に /

the Five Most Popular Chefs in the Bay Area/in 2018.//
the Five Most Popular Chefs in the Bay Area　　　　/2018年に。//

He is not only a talented chef/but also a well-known cooking teacher/
彼は才能のあるシェフであるだけでなく　　/有名な料理の先生でもある /

who teaches home-style cooking/on a TV show/
家庭料理を教える　　　　　　　/TV番組で /

that introduces traditional Asian dishes.//
伝統的なアジア料理を紹介する。　　　　　//

EXERCISE 2

On September 1,/Gardena City Council approved/the naming/
September 1に、　　/Gardena City 市議会は承認した　　/命名を /

of the new civic hall/as "William Brown Hall."//
新しい市民会館の　　　/William Brown Hall として。　//

William Brown,/who was born and grew up/in Gardena,/
William Brown　　/その人は生まれ育ち　　　　/Gardenaで、/

was a beloved opera singer/with a lifelong commitment/
愛されたオペラ歌手だった　　/生涯の貢献で /

to supporting our community.//
私たちのコミュニティーを支援するための。　//

His musical partners took leadership/to raise funds.//
彼の音楽家仲間たちがリーダーシップをとった　/資金を集めるための。//

With support/from numerous community members,/
支援を伴って　/たくさんの地域のメンバーからの、/

their efforts have helped/build the new civic hall,/
彼らの努力は助けた　　　　/新しい市民会館を建築することを、/

which is one of the most fascinating music halls/in the neighborhood.//
それは最も魅力的な音楽堂の一つだ　　　　　　　　　　　/近隣で　　　　　//

EXERCISE 3

Coffee chain giant B2Mug announced/yesterday/
大手コーヒーチェーンの B2Mug は発表した　　　　/昨日→/

that it will acquire Muse's Candies,/
Muse's Candies を買収する、/

a Tokyo-based confectionery company/that specializes in chocolate bars.//
東京を本拠地とする製菓会社の　　　　　　　/その会社は専門とする→チョコレート菓子を。　//

Terms of the deal will be disclosed/at a joint press conference/next month/
契約条件は明らかにされる　　　　　　　　/共同記者会見で　　　　　/来月/

in Tokyo.//
Tokyo で。　//

B2Mug's CEO Samantha Brook said,/
B2Mug の CEO Samantha Brook は語った、/

"I am looking forward to visiting Muse's factory/in Tokyo/next month/
「Muse's factory を訪問するのを楽しみにしている　　　　/東京の　　/next month/

to hold the press conference."//
記者会見を開くために」　　　　　//

この章のまとめ

・パラグラフごとの内容も、挿絵にまとめるイメージで、ビジュアル化する。
・個々のパラグラフの内容が、挿絵として頭の中でコンパクトにまとめられると、文書全体の内容も、より楽に記憶できるようになる。

同時通訳者に聞く、一直線読みのコツ　その3

Q③ 語順通りに解釈するための練習はされていますか？　効果的な練習方法があれば、教えてください。

森田：<u>サイトラ*を何度も練習することではないでしょうか。</u>例えば、適当な長さの英語の新聞記事を探し出し、時間を計りながら黙読して、文の切れ目にスラッシュを入れていきます。その際、分からない単語は意味を調べます。

その後、最初の段落から順番に、目で文章を順に追いながら、同時通訳をするかのように声に出して訳出していくのです。仲間がいるときには、その訳を聞いてもらい、不自然な部分がないかどうかチェックしてもらうといいでしょう。

この方法は、日本語の記事を使って英語に訳出する日英同時通訳の練習にも使えます。

*Sight Translation（サイトトランスレーション）の略。英文を意味のカタマリごとに区切り、目で追いながら、前から訳出していくことを指す。

中井：これはサイトラに尽きます。

TOEIC対策としてなら、「頭ごなし訳」もいいと思います。これは、<u>サイトラほどの自然な日本語は要求せず、純粋に英語の語順で、直訳でも意訳でもいいので、自分でイメージできた内容を日本語に直しながら読み進める手法です。</u>

Q④ 知らない単語やフレーズが出てきた、あるいは一部の単語やフレーズが聞き取れなかったといったときはどうしますか？

森田：<u>前後の文脈から想像します。</u>または英日の通訳であれば英語で聞こえた通りにカタカナで訳出します。

中井：<u>全体の流れが阻害されない情報であれば無視して、聞き取れた内容で日本語に訳します。</u>

聞き取れなかった単語が大事なキーワードで、それ抜きでは文章が完了できない場合は、日本語は語順が比較的自由なので、後ろに持ってきても不自然ではないような訳を出しておいたり、話の流れから「これだろう」と思われる、少し幅の広い日本語を当てておいたりします。その後、詳細が判明した時点で、補足説明を加え、全体としてメインの情報が過不足なく伝わるようにします。

6

第6章

知らない単語に
出合ったら

TOEICテストの本番中に、
知らない単語や表現に出合うことは十分考えられます。
この章では、そうした状況に直面した場合の対処法を
練習しましょう。

1. 虫食い文を読み解く①

Part 7のパッセージを読んでいて知らない単語や表現が出てきたとき、それらを読み飛ばしても解答に困らない場合もあります。
しかし、読み飛ばして得た情報だけでは質問に解答できないときには、意味が分からなかった部分の内容を周囲の英文から判断するしかありません。

下にある文書は、あるnotice（告知）の一部分です。知らない単語や表現（つまり意味が分からない部分）と仮定した箇所を虫食い状態にして黒く塗ってあるので、語注に目を通してから、この英文でどのくらい内容が理解できるか試してみましょう。

語注：□ location　（店などの）場所　□ lid　ふた　□ durability　耐久性
　　　□ spoil　〜をだめにする

We regret to announce that we have started a ▮▮▮▮▮▮▮ of the Cool ToGo that was sold at our locations in Oregon last month.

▮▮▮▮▮▮▮▮▮▮▮▮▮▮▮▮▮▮▮▮▮▮▮▮▮▮▮▮▮. According to ▮▮▮▮▮▮▮, the lid of the container has a durability problem that may cause a ▮▮▮ in general use. If it ▮▮▮▮, your drink will ▮▮ out and could spoil your belongings or clothes. We ▮▮ you to immediately ▮▮▮▮▮ the product.

Although no damage has been reported so far, we ▮▮ the issue ▮▮▮▮▮. Get a full refund at any of our locations by handing over your Cool ToGo to at the customer service desk.

解読可能な部分からは、次のようなことが読み取れます。
・好ましくない情報の発表であること
・Cool ToGoは先月販売されていたこと
・容器のふたの耐久性に問題があって、飲み物が持ち物や衣類をダメにするかもしれないこと
・お店に持って行くと全額返金を受けられること

これらの情報を基に、以下の質問に答えましょう。

Q.1　Cool ToGoにはおそらくどんな問題があると考えられますか。

・_____

Q.2　Cool ToGoとは何だと考えられますか。

・_____

Q.3　Cool ToGoを持っている人はどうすべきですか。

・_____

Q.4　この文書の目的は何でしょう。

・_____

では、答え合わせです。

Q.1　Cool ToGoにはおそらくどんな問題があると考えられますか。
・ふたの耐久性に問題があって、飲み物が（漏れて）持ち物や衣類を汚すかもしれない→おそらくふたが破損する可能性がある。

Q.2　Cool ToGoとは何だと考えられますか。
・ふたが付いた飲み物が入った容器→（冷たい）飲み物を入れる水筒

Q.3　Cool ToGoを持っている人はどうすべきですか。
・持ち物や衣類をダメにする可能性がある→すぐに使用を止める。

Q.4　この文書の目的は何でしょう。
・不都合のある商品Cool ToGoを店に持って行くと全額返金が受けられる→商品の回収を知らせること

どうですか？　だいたいの内容は推測できたのではないでしょうか。知らない単語、分からない語彙はいくら悩んでも分からないので時間の無駄です。**読み飛ばすことを恐れず、読み取れた部分だけで解決**を目指しましょう。

この英文の完全版は次ページです。虫食い部分に下線を引いてあります。

We regret to announce that we have started a voluntary recall of the
Cool ToGo that was sold at our locations in Oregon last month.

We have confirmed that there may be leakage risks. According to
consumer testing, the lid of the container has a durability problem
that may cause a crack in general use. If it cracks, your drink will
leak out and could spoil your belongings or clothes. We urge you to
immediately stop using the product.

Although no damage has been reported so far, we take the issue
seriously. Get a full refund at any of our locations by handing over
your Cool ToGo at the customer service desk.

2. 虫食い文を読み解く②

次の文書はある商品のパンフレットで、いくつかの重要な単語や文が隠されてい
ます。語注に目を通してから、この文書を読んでみてください。

語注：□ polycarbonate　ポリカーボネイト　□ hard hat　ヘルメット
□ surface　表面

Introduction

The EZ ▮▮▮▮▮▮ Sticker, manufactured by BNM, can be used on
most hard hats made of polycarbonate, as well as motorcycle
helmets. ▮▮▮▮▮▮▮▮▮▮▮▮▮▮▮▮▮▮▮▮▮▮▮▮▮▮▮▮▮
Under low light conditions, the stickers improve your safety.

Setup

Placing the EZ ▮▮▮▮▮▮ Sticker is easy. First, ▮▮▮ your hard hat
with a dry cloth. Next, ▮▮▮▮▮ the sheet on the back of the sticker.

Then, ▓▓▓▓▓▓ carefully on the surface of your hard hat and ▓▓▓ gentle pressure with your hands.

If you need to reposition the EZ ▓▓▓▓▓▓ Sticker, do not worry. The reusable ▓▓▓▓▓ makes the product environmentally friendly. Remove the sticker, wash it, and position it again until you are completely satisfied.

課題1 最初のIntroductionの段落から、この製品について分かることを2点挙げてください。

・ _____

・ _____

課題2 Setupという第2段落は、この製品の取り付け方の説明です。重要な動詞が抜けていますが、目的語や前置詞句から内容を想像して、次の日本語で書かれた取り付け手順を完成させてみましょう。

　　　　・この商品の取り付け方
　　　　1. ヘルメットを乾いた布で_____
　　　　2. ステッカーの後ろのシートを_____
　　　　3. 慎重にヘルメットの表面に_____
　　　　4. 手で優しい圧力を_____

課題3 最後の段落を読みましょう。第2文の ▓▓▓▓▓ にはどんな名詞が入るでしょうか。

ヒント：第1文では「この製品(The EZ ▓▓▓▓▓ Sticker)を貼り直す必要がある（need to reposition）なら、心配いらない（do not worry）」と言っています。第2文では「この再利用可能な（reusable）▓▓▓▓▓ はこの製品を環境に優しくする（makes the product environmentally friendly）」と言っていますから、▓▓▓▓▓ は製品自体ではないようです。

各課題の解答はこちらです。
課題1 この製品について分かること
　　　　・たいていのヘルメットにつけることのできるステッカー
　　　　・暗い所での安全を高めることができる

課題2 この製品の取り付け方
1. ヘルメットを乾いた布で拭く / きれいにする
2. ステッカーの後ろのシートをはがす
3. 慎重にヘルメットの表面に乗せる / 貼り付ける
4. 手で優しい圧力をかける

課題3 最後の段落2文目の ███████ に入る名詞は
「糊」あるいは「接着剤」と考えると、うまく話がつながりそうです。

文の一部が消されていたりしていたにも関わらず、文書の内容はほぼ正しく読み取れましたね。単語の意味が分からなかったからといってそこで立ち止まらず、前後のヒントを探しながら読み進めましょう。以下、この英文の完全版です。虫食い部分に下線を引いてあります。

黒塗り部分の語注：□ luminous　発光性の　□ lay down on ~　～に乗せる
□ adhesive　接着剤

Introduction

The EZ <u>Reflective</u> Sticker, manufactured by BNM, can be used on most hard hats made of polycarbonate, as well as motorcycle helmets. <u>This unique product has a reflective and luminous surface.</u> Under low light conditions, the stickers improve your safety.

Setup

Placing the EZ <u>Reflective</u> Sticker is easy. First, <u>wipe</u> your hard hat with a dry cloth. Next, <u>peel</u> off the sheet on the back of the sticker. Then, <u>lay it down</u> carefully on the surface of your hard hat and <u>apply</u> gentle pressure with your hands.

If you need to reposition the EZ <u>Reflective</u> Sticker, do not worry. The reusable <u>adhesive</u> makes the product environmentally friendly. Remove the sticker, wash it, and position it again until you are completely satisfied.

以下はこの章の2つの文書のスラッシュ訳例です。

告知文

We regret to announce/that we have started/a voluntary recall/
/私たちが開始したことを　/自主回収を /

of the Cool ToGo/that was sold/at our locations/in Oregon/last month.//
Cool ToGoの　　　　　/それは販売されていた /私たちの店舗で　/Oregonの　　/先月。　　　　//

We have confirmed/that there may be leakage risks.//
私たちは確認した　　　　/漏れの恐れがあるかもしれないことを。　　//

According to consumer testing,/the lid of the container has/
消費者テストによると　　　　　　/容器のふたにはある /

a durability problem/that may cause a crack/in general use.//
耐久性の問題が　　　　/それがひびを生じさせるかもしれない/通常の利用で。　//

If it cracks,/your drink/will leak out/and could spoil/
もしひびが入ると、/飲み物が　　/漏れ出すだろう　/そして汚すかもしれない/

your belongings or clothes.//
あなたの持ち物や服を。　　　//

We urge you/to immediately stop/using the product.//
あなたにお勧めする/すぐに止めることを　　/その製品の使用を。　//

Although/no damage has been reported/so far,/we take the issue/seriously.//
ではあるけれど→/破損の報告はない/これまでのところ、/わが社はこの問題を受け止める　　/深刻に。　//

Get a full refund/at any of our locations/by handing over your Cool ToGo/
全額返金を受けてください/私たちのいずれかの店舗で　　/あなたのCool ToGoを手渡して /

at the customer service desk.//
お客さまサービスカウンターで。　//

パンフレット

Introduction
The EZ Reflective Sticker,/manufactured by BNM,/
EZ Reflective Stickerは、　　　　　/BNMによって製造されたもので /

can be used on most hard hats/made of polycarbonate,/
はほとんどのヘルメットで使える　　　　/ポリカーボネート製の、/

as well as motorcycle helmets.//
バイクのヘルメットと同様に。　　　//

This unique product has/a reflective and luminous surface. //
このユニークな製品は持っている　/光を反射して発光する表面を。　　//

Under low light conditions,/the stickers improve/your safety.//
明かりが足りない条件の下で、　　　/ステッカーは向上させる　　/あなたの安全を。//

Setup

Placing the EZ Reflective Sticker is easy.//
EZ Reflective Sticker の取り付けは簡単だ。　　　　　　//

First,/wipe your hard hat/with a dry cloth.//
まず、　/ヘルメットを拭く　　　/乾いた布で。　　　　//

Next,/peel off the sheet/on the back of the sticker.//
次に、　/シートをはがす　　　　/ステッカーの裏の。　　　　//

Then,/lay it down/carefully/on the surface of your hard hat/and/
それから、/それを乗せる/慎重に　　/ヘルメットの表面に　　　　　　　　/そして/

apply gentle pressure/with your hands.//
優しく押し付ける　　　　/手で。　　　　//

If/you need to reposition/the EZ Reflective Sticker,/do not worry.//
もし〜ならば→/付け替えが必要　/EZ Reflective Sticker の、　　　/心配いらない。　　//

The reusable adhesive/makes the product/environmentally friendly.//
再利用可能なのりが　　　/製品をする→　　　　/環境に優しいものに。　　//

Remove the sticker,/wash it,/and position it/again/
ステッカーをはがして、　　/洗って　　/そして置く　　　/再び/

until you are completely satisfied.//
あなたが完全に満足するまで。　　//

この章のまとめ

・意味が分からない単語や表現は、読み飛ばすことを恐れない！
・不明の部分は、周囲の情報から判断する。

次章から、これまでのトレーニングを踏まえて、本格的に文書を読んでいきます。

第7章

長文読解
エクササイズ

この章では、TOEIC Part 7 によく出題される
タイプの文書の読解に取り組みます。

エクササイズの前に

ここでもう一度、これまでに学習したポイントを振り返っておきましょう。

スラッシュを入れる場所の主な目安は…

① 主語と動詞の間
② 目的語や補語の前後
③ 接続詞や関係詞の前
④ to不定詞の前
⑤ 副詞句を導く前置詞の前
⑥ カンマの後ろ

でしたね。しかし、これまでのエクササイズを通して、一度に理解できる意味の固まりは大きくなっているのではないでしょうか。上記の場所は目安であって、すべてを区切る必要はありません。**区切りの幅を広げる**ことを意識しましょう。特に、短い主語と動詞、動詞と関係の深い目的語や補語は、区切りを入れずに1つの意味の固まりとして読み進めてもOKです。

一直線読みをするためには…

スムーズな一直線読みのために、以下の点を再確認してください。

● 語順通りに情報を把握していく。

● 脳内会話で情報を積極的に取りに行く。

● 完全な日本語に訳そうとしない。自分なりに意味が取れればOK。

●「次のような」などを使って、**戻り読みを防ぐ。**

● 定番表現はイメージで理解する。

● ビジュアル化で**ストーリーを記憶に残す。**

● 分からない単語やフレーズは読み飛ばす。あるいは、周囲の情報で類推する。

● パッセージは自分に対して書かれたものと考えて、**自分事にする。**

読解エクササイズ

次ページから始まるエクササイズでは、以下の要領で英文を一直線に読み、内容確認問題を解いてみましょう。

- 前半6問にはスラッシュが入っています。スラッシュがない方が読みやすい人は、赤シートで隠しましょう。後半12セットにはスラッシュが入っていないので、自分なりの読み方で挑戦してください。
- 各セットには、「本文語数」と「目標タイム」が示してあります。自分の読解速度を、スマートフォンのストップウオッチなどで計ってみましょう。目標タイムより短ければ、120 wpmをクリアしています。
- 語注が文書の前にあります。問題に取り組む前に必ず目を通してください。
- 英文を読み終わったら、内容確認問題で文書の理解度を確認しましょう。
- この章の文書をおよそ120 wpmで読んだ音声が各文書の右肩に表示されているトラックに収録されています。第3章で紹介した「脳内音読」のトレーニングに活用してください。

では、最初はスラッシュ入り文書でのエクササイズからです。

※第4章で取り上げたような、TOEICに頻出の定番フレーズにマーカー　　　　を付けました。これらのフレーズを、いちいち和訳したりせずに読み進められるようになると、一直線読みがよりスムーズになります。

E-mail（メール）

・メールが書かれた目的を考えながら読もう。

目標タイム：1分　**本文語数**：121 words

※・ヘッダー部分は語数に含まれていませんが、ヘッダーから目を通しましょう。

> 語注：☐ amount　合計額　☐ valid　有効な　☐ qualify　資格がある
> 　　　☐ handling fee　手数料

To: customerservice@ssgoods.com
From: rayforddean@mmemail.com
Date: November 10
Subject: Issues/with Discounts
📎 order confirmation form

To whom it may concern,

I ordered/from your online store/for the first time/and/I am writing
to inform you/that the total amount charged/is incorrect.//I entered/
a discount code/valid until the end of November/which says/I
qualify/to get $20 off/with a purchase of $100 or more.//Please
find/attached the order confirmation form.//As you can see,/the
total/before the discount/is $129.80,/but/the $20 off was not
applied.//In addition,/I saw/on your Web site/that shipping is free/
when/shoppers create an account/for the first time.//However,/it
seems like/you charged me/$8.99/as a shipping and handling fee.//
Please advise me/on how I can get/my order/corrected.//

Best regards,

Rayford Dean

内容確認問題

英文の内容と一致していたらTに、一致していなければFに◯を付けましょう。

1. メールの送信者は間違ったクーポンを使用した。　　T / F

2. メールの送信者はこのお店の新規客だ。　　　　　　T / F

3. メールの送信者は買い物をキャンセルしたい。　　　T / F

[訳例]　各訳例を見る際には以下の点に注意してください。

・日本語に訳す必要のない人名、固有名詞、日時、定番表現には日本語訳を付けていません。
・一部、定番表現に第4章で紹介したアイコンを使用しています。
・主語と主動詞を明確にするために、主語の言い換えになっている挿入句、主語を先行詞とする
関係詞節には破線を引いてあります。

To: customerservice@ssgoods.com
From: rayforddean@mmemail.com
Date: November 10
Subject:　Issues/with Discounts
件名：問題　　　　　　/割引に関する

📎 order confirmation form

To whom it may concern,
担当者様、

I ordered/from your online store/for the first time/
私は注文した /あなたのオンラインストアから　/初めて/

and/I am writing to inform you/that the total amount charged/is incorrect.//
そして/　　　　　　　　　　　/請求された総額は　　　　　　　/正しくない。　//

I entered/a discount code/valid until the end of November/which says/
私は入れた　/割引のコード番号を　/11月末まで有効な　　　　　　/それは言ってる→/

I qualify/to get $20 off/with a purchase of $100 or more.//
私は資格がある/$20オフを受ける/買い物が$100かそれ以上で。　//

Please find/attached the order confirmation form.//
見てください　　/添付した注文確認フォームを。　　　　//

As you can see,/the total/before the discount/is $129.80,/but/
ご覧の様に、　　/合計金額　/割引前の　　　　　/は $129.80だ、/しかし/

the $20 off was not applied.//
$20オフが適用されていなかった。　　//

In addition,/I saw/on your Web site/that shipping is free/when/
加えて、　　　/私は見た/あなたのウェブサイトで→/送料は無料だということを /のときには→/

shoppers create an account/for the first time.//
買い物客がアカウントを作る　　　/初めて。　　　　　//

第7章 ● 長文読解エクササイズ

However,/it seems like/you charged me/$8.99/
しかしながら、/のように思える→ /あなたは課金した　　/$8.99を/

as a shipping and handling fee.//
送料と手数料として。　　　　　//

Please advise me/on how I can get/my order/corrected.//
教えてください　　　　/どのようにすればされるのか/私の注文が/修正された状態に。//

Best regards,
Rayford Dean

［内容確認問題の正解］　1. F　　2. T　　3. F

EXERCISE 2

◀)) 044

Notice（告知）

・告知文は読み手に求められている行動に注目。

目標タイム：1分　**本文語数**：119 words

語注：□ portray　〜を描く　□ voluntary　自由意志の　□ politely　失礼にならずに

Office Visit/by Television Crew

The NCGA TV crew/will be visiting/our office/on Tuesday,/April
11 from 10:00 A.M. to 1:00 P.M.//They are in the process/of creating/
a documentary program/which portrays the reality/of young
workers/in the technology industry.//Although/formal arrangements
have already been made/with several employees/to take part in
interviews,/the crew members/may ask for/your comments.//We
have requested/that they ask for/your permission/before you are
filmed.//As participation is voluntary,/you may politely turn down/
their request.//They will be filming/in the recreation room/in
addition to/some of the meeting rooms.//Please avoid/being in these
rooms/if you do not want/to be filmed.//Thank you.//

Mary Bills
Public Relations (ext. 2295)

内容確認問題

英文の内容と一致していたらTに、一致していなければFに○を付けましょう。

1．この会社は技術系の会社だ。　　　　　　　　　　T / F

2．インタビューの対象になるのは新入社員だけだ。　　T / F

3．インタビューを受けたくない人は会議室に集まる。　T / F

[訳例]

Office Visit/by Television Crew
職場訪問　　/TV局による

The NCGA TV crew/will be visiting/our office/on Tuesday,/
NCGA TVの人たちが　　　/訪問する　　　　/私たちのオフィスを /Tuesdayの、/

April 11 from 10:00 A.M. to 1:00 P.M.//
April 11、10:00 A.M.〜1:00 P.M.に。

They are in the process/of creating/a documentary program/
彼らは途中だ　　　　　/制作の　　/ドキュメンタリー番組の /

which portrays the reality/of young workers/
それは現実を描く　　　　/若い働き手の/

in the technology industry.//
技術業界の。　　　　　//

Although/formal arrangements have already been made/
次の通りではあるが→/正式な同意はすでにできている /

with several employees/to take part in interviews,/the crew members/
数名の従業員と　　　　/インタビューに参加するための、　/TV局の人たちは/

may ask for/your comments.//
求めるかもしれない/あなたのコメントを。//

We have requested/that they ask for/your permission/
私たちは要求してある→　/彼らが求めることを　/あなたの許可を /

before you are filmed.//
あなたを撮影する前に。　//

As participation is voluntary,/you may politely turn down/their request.//
参加は自由意志なので、　　　/失礼にならずに断れる　　　/彼らの要望を。　//

They will be filming/in the recreation room/in addition to/
彼らは撮影する　　　/レクリエーション室で　/次に加えて→/

some of the meeting rooms.//
いくつかの会議室。　　　//

Please avoid/being in these rooms/if you do not want/to be filmed.//
避けてください　/これらの部屋にいることを　/もし望まないのなら　/撮影されることを。//

Thank you.//

Mary Bills
Public Relations (ext. 2295)

［内容確認問題の正解］　1. T　　2. F　　3. F

EXERCISE 3　　🔊 045

Article（記事）
・大文字で始まっているのは固有名詞。知らない単語と勘違いしないように。
・覚えにくい固有名詞は、頭文字だけ覚えるなどの工夫を。

目標タイム：1分　**本文語数**：121 words

語注：□ initiative　取り組み　□ funding　資金調達　□ appreciate　～を認める
　　　□ language acquisition　言語習得（獲得）　□ be determined　決意している

GLF Announces/New Director

March 2, 2020

The Global Language Foundation (GLF) appointed/Diana Hughes/
as the new director/on March 1.//Hughes replaced/Casey Young,/
who retired/last month/after acting as director/for over a decade.//
Prior to joining GLF,/Hughes served/as the director of programs/at
Soquel Institute.//She has been known/for successful and creative
initiatives,/winning funding/from supportive investors and
organizations/such as the AIVO foundation.//

Hughes said,/"I got very excited/when/I was notified/I could join
GLF.//Through traveling,/I have learned/to appreciate/local
languages and cultures.//I hope/to educate/more people/on the
importance of language acquisition/and/support/business people/
working abroad.//I'm determined/to expand/GLF's wonderful
programs/internationally/to gain/more presence."//

内容確認問題

英文の内容と一致していたらTに、一致していなければFに〇を付けましょう。

1. 以前GLFのディレクターが代わったのは10年以上前だ。　T / F
2. 新しいディレクターには有名な賞の受賞歴がある。　　　T / F
3. 新しいディレクターは海外の言語や文化に興味がある。　T / F

[訳例]

GLF Announces/New Director
GLFは発表した　　　　　/新しいディレクターを

March 2, 2020

The Global Language Foundation (GLF) appointed/Diana Hughes/
The Global Language Foundation (GLF) は任命した　　　　　　　　/Diana Hughesを /

as the new director/on March 1.//
新しいディレクターとして　/March 1に。　　//

Hughes replaced/Casey Young,/who retired/last month/
Hughes は交代した　　　/Casey Youngと、　/その人は引退した/先月/

after acting as director/for over a decade.//
ディレクターとしての活動の後　/10年間以上に及ぶ。　　//

Prior to joining GLF,/Hughes served/as the director of programs/
GLFに加わる前、　　　　　/Hughesは務めていた /director of programsとして/

at Soquel Institute.//
Soquel Instituteで。　//

She has been known/for successful and creative initiatives,/
彼女は知られてきた　　/成功した創造的な取り組みで、/

winning funding/from supportive investors and organizations/
資金調達を勝ち取って　/支援投資家たちや支援団体からの/

such as the AIVO foundation.//
AIVO 財団のような。　　//

Hughes said,/ "I got very excited/when/I was notified/I could join GLF.//
Hughesは言った、/ 「私はとても興奮した　/次の時→/私が知らされた　/GLFに加われると。　//

Through traveling,/I have learned/to appreciate/
旅を通して、　　/私は学んだ　　/価値を認めることを /

local languages and cultures.//
地域の言語と文化の。　　　//

I hope/to educate/more people/
私は望む /教育することを/より多くの人たちに /

on the importance of language acquisition/and/support/
言語習得の重要性を　　　　　　　　　 /そして/支援することを /

business people/working abroad.//
ビジネスをする人たちを /海外で働いている。　//

I'm determined/to expand/GLF's wonderful programs/internationally/
私は決意している　　/拡大することを/GLFの素晴らしいプログラムを　　　/国際的に /

to gain/more presence."//
獲得するために /より一層の存在感を」//

［内容確認問題の正解］　1. T　　2. F　　3. T

EXERCISE 4

🔊 046

Letter（手紙）
・ビジュアル化など、自分に合った方法で段落ごとの情報を整理しよう。
・手紙文はヘッダー部分も重要な情報。
目標タイム：1分30秒　**本文語数**：182 words

> 語注：□ that being said　それはそれとして　□ associated with ~　～と関連する
> □ urge　～を強く勧める　□ affected　影響のある　□ ten-digit　10桁の
> □ voluntary　自主的な

June 30, 2019

Jamie McLaurin
3138 La Vern Ave.
Glendale, CA 91201

RIYD Technology

Dear valued customer,
At RIYD Technology,/our mission is to provide/our customers/with
the finest products.//That being said,/our number one priority is

---

safety.//I regret to inform you/that Digital Camera Z20 fell/short on that promise.//

We have confirmed/that there may be fire risks/associated with the rechargeable battery/being used with our cameras.//We urge you/to immediately stop/using cameras/manufactured between February 2016 and November 2018.//Please check/the serial number/on the back of your camera.//The affected models start with ZRS1/ followed by a ten-digit number.//

Although/no issues have been reported/so far,/we take battery safety issues/very seriously.//Therefore,/we have started/a voluntary recall and replacement program.//Get your camera exchanged/with our latest ZR model/at any of our suppliers/by bringing this letter, your camera and the battery.//Alternatively,/get a full refund/by following the shipping procedures/written on the downloadable refund form/on our Web site/(https://www.riydtechn.com/cs).//

RIYD Technology's 50,000 employees are dedicated/to supporting you/in the best way/possible.//We thank you/for your loyalty.//

Sincerely,
Damian Doyle
President and CEO

内容確認問題

英文の内容と一致していたらTに、一致していなければFに○を付けましょう。

1. 問題のカメラの発火事故は報告されていない。　　　　　　　T / F
2. シリアル番号はカメラの内部にある。　　　　　　　　　　T / F
3. 問題のカメラに関しては、交換よりも返金が推奨されている。　T / F

[訳例]

June 30, 2019

Jamie McLaurin
3138 La Vern Ave.
Glendale, CA 91201

RIYD Technology

Dear valued customer,
大切なお客さまへ

At RIYD Technology, / our mission is to provide / our customers /
RIYD Technologyでは、 / 我々の使命は提供することだ / 顧客に /

with the finest products. //
最上の製品を。 //

That being said, / our number one priority is safety. //
何はともあれ、 / 我々の第一の優先事項は安全だ。 //

I regret to inform you / that Digital Camera Z20 fell / short on that promise. //
/ デジタルカメラ Z20 が陥ったことを / その約束に足りない状態に。 //

We have confirmed / that there may be fire risks /
我々は確認した→ / 火災のリスクがあるかもしれないことを /

associated with the rechargeable battery / being used with our cameras. //
再充電可能な電池と関連した / 我々のカメラに使われている。 //

We urge you / to immediately stop / using cameras /
私たちは強く勧める / すぐに止めることを / カメラの使用を /

manufactured / between February 2016 and November 2018. //
製造された / February 2016 〜 November 2018の間に。 //

Please check / the serial number / on the back of your camera. //
チェックしてください / シリアルナンバーを / カメラの背面の。 //

The affected models start with ZRS1 / followed by a ten-digit number. //
影響のあるモデルはZRS1から始まり / 10桁の番号が続いている。 //

Although / no issues have been reported / so far, /
次の通りではあるが→ / 問題は報告されていない / これまでのところ、 /

we take battery safety issues / very seriously. //
我々は電池の安全問題を受け止めている / 深刻に。 //

Therefore,/we have started/a voluntary recall and replacement program.//
その結果、　　/我々は始めた　　/自主的なリコールと交換プログラムを。　　　　//

Get your camera exchanged/with our latest ZR model/
あなたのカメラを交換してください　　　/最新のZRモデルと/

at any of our suppliers/by bringing this letter, your camera and the battery.//
我々のいずれかの供給元で　　　/この手紙と、あなたのカメラと電池を持参して。　　　　//

Alternatively,/get a full refund/by following the shipping procedures/
あるいは、　　　/全額返金を受け取ってください/発送手順に従って/

written on the downloadable refund form/on our Web site/
ダウンロードできる返金フォームに書かれている　　　　　/我々のウェブサイト上の/

(https://www.riydtechn.com/cs).//
　　　　　　　　　　　　　//

RIYD Technology's 50,000 employees are dedicated/to supporting you/
RIYD Technologyの５万人の従業員は打ち込んでいる　　　　　　/あなたのサポートに/

in the best way/possible.//
最良の方法で　　　/できる限りの。//

We thank you/for your loyalty.//
　　　　　　/あなたの忠誠心に。　　//

Sincerely,

Damian Doyle
President and CEO
社長　兼CEO

［内容確認問題の正解］　　1．T　　2．F　　3．F

🔊 047

Memo（社内回覧）

・ヘッダーで宛先と件名（Subject）を確認し、トピックを予想しながら読もう。

目標タイム：1分30秒　本文語数：183 words

語注：□ designated　割り当てられた　□ make sure　しっかりと
　　　□ last-minute　直前の　□ orientation　説明会　□ post　〜を掲載する

To: All Managers
From: Lydia Gail
Date: August 25
Subject: Leadership Camp

Our annual Leadership Camp is coming up/next weekend.//We are very excited/to welcome/everyone/from our headquarters and local offices/joining together/in the Santa Cruz mountains.//New this year,/a few managers/from our international offices/will also attend.//

This is a reminder/about your arrival.//Please plan/to arrive/to the camp grounds/between 9:00 A.M. and 10:00 A.M./on Saturday,/ August 30.//There will be a short wait/as/we unload your luggage/ by the cabins/before/you park/in the designated parking lot.//If you have requested/transportation arrangements/from the airport,/make sure to confirm/your pickup location and time.//Last-minute arrangements can still be made/if you contact/Kelly Sims/in HR/by e-mail or phone.//

For managers/participating in this event/for the first time,/there will be an optional orientation/at 5:00 P.M./on August 27/in Campbell Office Room 501.//We will be posting a video/on our Web site/ later/for those/who cannot make it.//Please e-mail me/with any questions/you may have.//We look forward to seeing you!//

Lydia Gail
Leadership Camp Organizer

内容確認問題

英文の内容と一致していたらTに、一致していなければFに〇を付けましょう。

1. リーダーシップ研修は宿泊を伴う。　　　　T / F
2. 自家用車での現地入りは禁じられている。　T / F
3. この研修に何度も参加している人がいる。　T / F

[訳例]

To: All Managers
宛先：全マネジャー

From: Lydia Gail
Date: August 25
Subject: Leadership Camp
件名：リーダーシップキャンプ

Our annual Leadership Camp is coming up/next weekend.//
我々の年次リーダーシップキャンプが近づいている　/来週末に。　　//

We are very excited/to welcome/everyone/
我々はとてもワクワクしている /歓迎することを /みんなを /

from our headquarters and local offices/joining together/
我々の本社と地域の支社から　　　　　　　/集まってくる/

in the Santa Cruz mountains.//
Santa Cruz mountainsに。　//

New this year,/a few managers/from our international offices/
新しく今年、　　/数人のマネジャー　/我々の海外支社からの/

will also attend.//
も参加する。　//

This is a reminder/about your arrival.//
これはリマインダーだ　/あなたの到着に関する。　//

Please plan/to arrive/to the camp grounds
計画してください/到着することを/キャンプ場へ/

between 9:00 A.M. and 10:00 A.M./on Saturday,/August 30.//
9:00 A.M.〜10:00 A.M. の間に　　　/Saturday,　/August 30.　//

There will be a short wait/as/we unload your luggage/by the cabins/before/
少し待つことになる　　　/〜するとき /私たちがあなたの荷物を降ろす/キャビンのそばで /の前に→/

you park/in the designated parking lot.//
あなたが駐車する/割り当てられた駐車場に。　　//

If you have requested/transportation arrangements/from the airport,/
もし要請していたら　　　　/移動手段の手配を　　　　　　　　/空港からの、/

make sure to confirm/your pickup location and time.//
しっかり確認すること　　/乗車場所と時間を。　　　　　//

Last-minute arrangements can still be made/if you contact/Kelly Sims/
直前の手配もまだ可能だ　　　　　　　　　　/もし連絡すれば　/Kelly Simsに/

in HR/by e-mail or phone.//
人事の　/メールか電話で。　//

For managers/participating in this event/for the first time,/
マネジャーたちのために /このイベントに参加する　　　/初めて、/

there will be an optional orientation/at 5:00 P.M./on August 27/
オプションの説明会がある　　　　　　　　/5:00 P.M.に　/August 27の/

in Campbell Office Room 501.//
Campbell Office Room 501で。　　/

We will be posting a video/on our Web site/later/for those/
ビデオを掲載する　　　　　/我々のウエブサイトに /後で /以下の人たちために /

who cannot make it.//
参加不可能な。　//

Please e-mail me/with any questions/you may have.//
メールしてください　　/いかなる質問も　　/あなたが持っているかもしれない。//

We look forward to seeing you!//

Lydia Gail
Leadership Camp Organizer
リーダーシップキャンプ企画者

[内容確認問題の正解]　1. T　2. F　3. T

EXERCISE 6　　　🔊 048

Advertisement（広告）
・求人広告は、職種、条件、応募方法など大切な情報を確認しながら読もう。
目標タイム：1分30秒　**本文語数**：185 words

語注：□ ensure　〜を請け合う　□ facilities　施設課
　　　□ perform　〜を遂行する、行う　□ free　（心配などの）ない

□ extended period 長時間 □ restriction 制約
□ working shifts シフト制勤務

We`re Hiring!

Do you want to work/in this new, beautifully designed building?//
We are currently hiring/a floor technician/whose main
responsibility is/to monitor and maintain/the cleaning standards/of
the building.//The qualified individual will ensure/that Health
Department regulations are met.//This is a perfect position/for
someone/who has/knowledge and experience/of industrial cleaning
practices/and/is familiar with/professional cleaning devices.//

The qualified individual will work/closely with the facilities
manager.//Excellent communication skills/along with interpersonal
skills/are required.//As work is generally performed/within an
office environment,/use of standard office equipment/such as
computers and printers/will also be required.//Applicants must be
free/of health issues/that prohibit/walking or bending down/for
extended periods of time.//In addition,/they must have/an ability/to
safely lift/a minimum of 20 kilograms/without restrictions.//Please
also note/that the position requires/working shifts/including
weekends and holidays.//

If you are interested,/stop by/the security office/on the second
floor/any time/during our business hours/to pick up/an official job
description and application form.//

Human Resources
Oceana Building

内容確認問題
英文の内容と一致していたらTに、一致していなければFに○を付けましょう。
1. この職には経験のない人も採用される可能性がある。　　T / F
2. この職に就く人の主な仕事はビル内の清掃活動である。　T / F
3. この職に就く人は日曜日に働くこともある。　　　　　　T / F

第7章・長文読解エクササイズ

135

[訳例]

We're Hiring!
雇用します！

Do you want to work/in this new, beautifully designed building?//
あなたは働きたいか　　　/この新しく、素敵なデザインの建物で。　　　　　　//

We are currently hiring/a floor technician/whose main responsibility is/
私たちは現在雇用中だ　　/フロア技術者を　　　/この職の主な責務は/

to monitor and maintain/the cleaning standards/of the building.//
監視し維持すること　　　/清掃の基準を　　　　/この建物の。　　　//

The qualified individual will ensure/
資格のある人物は請け合うことになる→/

that Health Department regulations are met.//
保健所の規則を満たすことを。　　　//

This is a perfect position/for someone/who has/knowledge and experience/
これはぴったりの職種だ　　/誰か　　　/持っている人に/知識と経験を/

of industrial cleaning practices/and/is familiar with/
清掃業務の実務の　　　　　　　/そして/精通している/

professional cleaning devices.//
プロ仕様の清掃器具に。　　　//

The qualified individual will work/closely/with the facilities manager.//
資格のある人物は働くことになる　　/緊密に　/施設課長と。　　　　　　//

Excellent communication skills/along with interpersonal skills/
優れたコミュニケーションスキルが　/対人スキルと共に/

are required.//
求められる。　　//

As work is generally performed/within an office environment,/
仕事は通常遂行されるので　　　/事務所環境で、/

use of standard office equipment/such as computers and printers/
標準的なオフィス機器の使用が　　　/例えばコンピューターやプリンターの/

will also be required.//
やはり求められる。　　//

Applicants must be free/of health issues/that prohibit/
応募者は以下の心配がないこと　/健康問題の　　/それが防げる/

walking or bending down/for extended periods of time.//
歩くことやかがむことを　　/長時間。　　　　　　//

136

In addition,/they must have/an ability/to safely lift/
さらに、 /持っていること /能力を /安全に持ち上げるための /

a minimum of 20 kilograms/without restrictions.//
最低20Kgを /制約なしに。 //

Please also note/that the position requires/working shifts/
/この職務は求める /シフト制勤務を /

including weekends and holidays.//
週末や祝日も含めて。 //

If you are interested,/stop by/the security office/on the second floor/
もしも興味があれば、 /立ち寄ってください/保安事務所へ /2階の/

any time/during our business hours/to pick up/
いつでも /営業時間の間に /入手するために/

an official job description and application form.//
正式な職務詳細と応募用紙を。 //

Human Resources
人事部

Oceana Building

[内容確認問題の正解] 1. F 2. F 3. T

次からは文書にはスラッシュが入っていません。p. 120の意味の区切りの目安も
参考に、自分にとって読みやすい大きさに区切りながら、一直線読みをしましょう。

Memo（社内回覧）
・回覧はヘッダーにも目を通そう。
・当事者の気持ちになって文書を読み、書かれた指示を記憶しよう。
目標タイム：1分　**本文語数**：131 words

語注：□ frequent shopper　お得意客　□ in effect　実施される
　　　□ be aware of ~　〜に留意する　□ deal　サービス、待遇　□ offer　値引き

To: Store Managers
From: Kimberly Acharya
Date: June 5
Subject: Secret Sale

This is a reminder about our Secret Sale for those with frequent shopper membership cards. The three-day sale will be in effect June 8 to June 10. Members have already received an e-mail with the following information, so please be aware of our policies.

The Secret Sale is only offered to those who show their membership cards. Discounts are only valid for use by the members themselves, so please check the photo on the membership card. The 30 percent discount will automatically be applied to the price on the merchandise tag after scanning the card. The special deal cannot be combined with any other offers. If customers bring in coupons, please tell them that you can only scan one barcode, either on their membership card or on the coupon. Thank you!

Kimberly Acharya
Marketing Manager

内容確認問題
英文の内容と一致していたらTに、一致していなければFに〇を付けましょう。
1. 会員の人たちはセールの案内のメールを受け取っている。　　T / F
2. 割引を受けるために会員証と写真付きのIDの提示が必要だ。　T / F
3. 会員証にはバーコードが付いている。　　　　　　　　　　T / F

[スラッシュと訳例]

To: Store Mangers
宛先：店長たち

From: Kimberly Acharya
Date: June 5
Subject: Secret Sale
件名：シークレットセール

This is a reminder/about our Secret Sale/
これはリマインダーだ　　/我々のシークレットセールについての/

for those with frequent shopper membership cards.//
お得意さま会員カードを持った人のための。　　　　　//

The three-day sale will be in effect/June 8 to June 10.//
3日間のセールは実施される　　　　　　/June 8〜 June 10。　　//

Members have already received/an e-mail/with the following information,/
会員はすでに受け取っている　　　　　　/メールを　/次の情報の入った、/

so/please be aware/of our policies.//
なので/留意してください　/我々の方針を。　　//

The Secret Sale is only offered/to those/who show their membership cards.//
シークレットセールは〜だけに提供される→　/人々に　/その人たちは会員証を見せる。　　　　//

Discounts are/only valid/for use by the members themselves,/so/
割引が　　　/有効なのは〜だけ→/会員自身による利用に対して　　　　　/なので/

please check/the photo/on the membership card.//
確認してください　/写真を　　/会員証の。　　　　//

The 30 percent discount will automatically be applied/to the price/
30％の割引は自動的に適用される　　　　　　　　　　　　/価格に /

on the merchandise tag/after scanning the card.//
商品タグに付いた　　　　/カードをスキャン後に。　　//

The special deal cannot be combined/with any other offers.//
特別サービスは組み合わせられない　　　　/いかなる他の値引きとも。　　//

If customers bring in coupons,/please tell/them/that you can only scan/
もし顧客がクーポンを持ってきたら、　　　/伝えてください/彼らに→/スキャンができるのは〜だけ→/

one barcode,/either on their membership card or on the coupon.//
1つのバーコード　/会員証かクーポンのどちらかの。　　　　//

Thank you!//

第7章　長文読解エクササイズ

Kimberly Acharya
Marketing Manager
販売部長

[内容確認問題の正解]　1. T　2. F　3. T

EXERCISE 8　🔊 050

Letter（手紙）

・手紙文は、送り主と受取人の関係を整理しながら読もう。

目標タイム：1分　**本文語数**：119 words

語注：□ on behalf of ~　〜を代表して　□ generosity　寛大さ
　　　□ adjacent to ~　〜に隣接した　□ quarterly　季節ごとの、年4回の
　　　□ artifact　工芸品　□ multiple　複数の　□ on site　現地で
　　　□ precious　貴重な

December 20, 2018

Annabelle Matsui
1800 Purdue Ave.
Maricopa, AZ 85011

Woodlands Community Center
210 Purdue Ave.
Maricopa, AZ 85011

Dear Ms. Matsui,

On behalf of the fundraising team, I would like to thank you for your kind donation. With your generosity, we expect to achieve our goal of building a swimming pool adjacent to our building by next April.

Our quarterly fundraising event will take place on January 20 from 11 A.M. to 2 P.M. at Wilson Park. We will be serving lunch and displaying a selection of antique furniture and unique artifacts which were donated from multiple sponsors. As a token of appreciation, we have included two lunch tickets for the event. You may purchase additional tickets on site. We hope you come visit us for a warm meal and find some precious art pieces to purchase for your home.

Sincerely,

Kenneth Murphy
Fundraising Campaign Manager

内容確認問題

英文の内容と一致していたらTに、一致していなければFに〇を付けましょう。

1. プールは公園の中に作られる。　　　　　　　　　　　　　　　T / F
2. イベントで出される昼食は本来有料のサービスだ。　　　　　　T / F
3. イベントではアンティーク家具の慈善オークションが開催される。　T / F

［スラッシュと訳例］

December 20, 2018

Annabelle Matsui
1800 Purdue Ave.
Maricopa, AZ 85011

Woodlands Community Center
210 Purdue Ave.
Maricopa, AZ 85011

Dear Ms. Matsui,

On behalf of the fundraising team,/I would like/to thank you/
資金集めチームを代表して、　　　　　　/私はしたい　　/ 😊 /

for your kind donation.//
あなたの親切な寄付に。　　//

With your generosity,/we expect/to achieve our goal/
あなたの寛大さで、　　/私たちは期待する/私たちのゴールに達することを /

of building a swimming pool/adjacent to our building/by next April.//
プールを作る　　　　　　/私たちの建物に隣接した　　/next Aprilまでに。 //

Our quarterly fundraising event will take place/on January 20/
私たちの季節ごとの資金集めのイベントは行われる　　/January 20に /

from 11 A.M. to 2 P.M. /at Wilson Park.//
11 A.M. ～2 P.M.　　　　　/Wilson Parkで。　　　//

We will be serving/lunch/and/displaying/
私たちは提供する　　　　/昼食を /また /展示する/

a selection of antique furniture and unique artifacts/which were donated/
アンティーク家具のセレクションとユニークな工芸品を　　　　/それらは寄付された/

from multiple sponsors.//
複数の後援者たちから。　　//

As a token of appreciation,/we have included/two lunch tickets/
感謝のしるしとして、　　　　　/同封した　　　　/2枚のランチチケットを/

for the event.//
イベントの。　　//

You may purchase/additional tickets/on site.//
あなたは購入できる　　　/追加のチケットを　　/現地で。　//

We hope/you come visit us/for a warm meal/and/find/
私たちは望む→/あなたが来ることを　/温かい食事のために　/また/ (あなたが) 見つけることを/

some precious art pieces/to purchase/for your home.//
貴重な美術品を　　　　　　　/購入するために /あなたの家用に。　　//

Sincerely,

Kenneth Murphy
Fundraising Campaign Manager

［内容確認問題の正解］　1. F　　2. T　　3. F

===

EXERCISE 9　　　　　　　　　　　　　　🔊 051

Advertisement（広告）
・何を誰に向けて売り込もうとしているのかがポイント。
・冒頭に出てくるrunは多義語なので、虫食い読みの要領で、前後の情報から意味を推測してみよう。

目標タイム：1分　**本文語数**：118語 words

語注：□ outsource　外部委託　□ make use of ~　～を利用する
　　　□ accurate　正確な

Outsource for Efficiency!

Do you run a small business? We know how busy you can get. We'll support you and let you focus on what you do the best! Make use of our virtual secretary service so that important phone calls are never missed. Our bilingual operators who speak either French or Spanish in addition to English will answer calls for you. All calls are recorded, so you know how your callers are being treated. Get accurate messages by listening to the recorded conversations and grow your business strategically!

Click on the "Free Trial" below to take advantage of a free two-week trial!
*Offer valid only once per organization
*Cannot be combined with any other special rates, coupons, or exclusive offers

Free Trial

内容確認問題
英文の内容と一致していたらTに、一致していなければFに○を付けましょう。
1. この広告は秘書の採用を手伝う会社の広告だ。　　　　　　T / F
2. オペレーターたちは皆、フランス語とスペイン語を話す。　T / F
3. お試しできるのは会社ごとに1回、2週間までだ。　　　　T / F

［スラッシュと訳例］
Outsource for Efficiency!//
外部委託を効率化のために!　　　　//

Do you run/a small business?//
あなたは経営しているか/小規模ビジネスを。//

We know/how busy/you can get.//
私たちは知ってる/どんなに忙しく/あなたがなるかを。//

We'll support/you/and/let you focus/on what/you do the best!//
私たちは支援する/あなたを/そして/あなたを集中させる/物事に/あなたが一番すべき。//

Make use of/our virtual secretary service/so that/
利用して　　　　/私たちのバーチャル秘書サービスを　　　　/〜するように /

important phone calls are never missed.//
重要な電話を決して逃さない。　　　　　　　　　　　//

Our bilingual operators/who speak/either French or Spanish/
私たちのバイリンガルのオペレーターたち /彼らは話す /フランス語かスペイン語かどちらかを /

in addition to English/will answer/calls/for you.//
英語に加えて　　　　　　　/が応答する　　/通話に /あなたのために。//

All calls are recorded,/so/you know/how your callers/are being treated.//
すべての通話は録音される、/なので /あなたは知る /どのように電話をかけてきた人が /対応されているか。//

Get/accurate messages/by listening to/the recorded conversations/and/
入手しよう /正確なメッセージを　/聞くことで　　　　/録音された会話を　　　　　　　/そして /

grow/your business/strategically!//
成長させよう /あなたのビジネスを /戦略的に！　/　//

Click/on the "Free Trial"/below/to take advantage of/
クリックして /"Free Trial" を　　　/下の　　/〜を利用するために /

a free two-week trial!//
無料の２週間のお試しを！　　//

*Offer/valid only once/per organization//
提供は　/１度だけ有効　　　/各組織で　　　//

*Cannot be combined/with any other special rates, coupons, or exclusive offers//
組み合わせられない　　　/他の特別価格、クーポン、限定値引きと　　　　　　　　　//

Free Trial//

［内容確認問題の正解］　1．F　　2．F　　3．T

EXERCISE 10　　　　　　　　　　🔊 052

Text-message chain（テキストメッセージのやりとり）
・口語表現に近いチャットでは、意味の固まりを大きめにとって、会話のような
　テンポで読み進めよう。

目標タイム：1分　**本文語数**：121 words

語注：□ automatic payment　自動引き落とし　□ bill　請求（書）

LCD Bank Customer Support (2:03 P.M.)

Welcome to LCD Bank. This is Megan. How may I assist you today?

Dave Mitchell (2:03 P.M.)

I'm having issues with my automatic payment. I have my account set up, but my credit card bills are not being paid. I've been charged a late fee, and this has never happened before.

LCD Bank Customer Support (2:04 P.M.)

I'm sorry to hear that. Have you recently changed your payment information?

Dave Mitchell (2:05 P.M.)

Yes. I wanted to make my credit card payment from a different bank account, so I updated the information about a month ago.

LCD Bank Customer Support (2:05 P.M.)

That may be the cause, so let's look into this first. Can I have your new bank account number? I'll check if the correct information is on our system.

Dave Mitchell (2:05 P.M.)

Sure. Please hold on for a minute while I check.

内容確認問題

英文のやりとりの内容と一致していたらTに、一致していなければFに○を付けましょう。

1. Daveはクレジットカードの請求書に誤りがあったので連絡している。　　T / F
2. Daveは最近クレジットカードを新しくした。　　　　　　　　　　　　T / F
3. 銀行の担当者はおそらく問題の原因が分かっている。　　　　　　　　T / F

［スラッシュと訳例］

LCD Bank Customer Support (2:03 P.M.)

Welcome to LCD Bank.//This is Megan.//How may I assist you today?//

> **Tip** 上の発言のような定番表現は、わざわざ日本語に置き換えなくてもOK。（いらっしゃいませLCD Bankへ。Meganです。本日のご用件をお伺いします。）

Dave Mitchell (2:03 P.M.)

I'm having issues/with my automatic payment.//
私は問題を抱えている　　/自動引き落としに。　　　　　　//

I have my account set up,/but/my credit card bills are not being paid.//
口座を開設してもらった、　　/しかし/クレジットカードの請求が支払われていない。　//

I've been charged/a late fee,/and/this has never happened/before.//
課せられた　　　　/ 遅延金を、　/そして/ こんなことは起こったことがない　/以前には。//

LCD Bank Customer Support (2:04 P.M.)

I'm sorry to hear that.//

Have you recently changed/your payment information?//
最近変更したか　　　　　　/支払い情報を？　　　　　　　　//

Dave Mitchell (2:05 P.M.)

Yes.//I wanted to make/my credit card payment/
　　　　したかったので→　　/クレジットカードの支払いを /

from a different bank account,/so/I updated the information/
別な銀行口座から、　　　　　　/なので/情報を更新した /

about a month ago.//
約1カ月前に。　　　//

LCD Bank Customer Support (2:05 P.M.)

That may be the cause,/so/let's look into this/first.//
それが原因かもしれない、　　/なので/ それを見ましょう　/最初に。　//

Can I have/your new bank account number?//
ください　　/新しい銀行口座番号を。　　　　　　　//

I'll check/if the correct information is on our system.//
調べます　　/正しい情報が我々のシステムにあるか。　　　　//

Dave Mitchell (2:05 P.M.)

Sure.//Please hold on for a minute/while I check.//
Sure.　//ちょっと待ってください。　　　　/調べる間。　　//

EXERCISE 11

🔊 053

E-mail（メール）

・長文は、段落ごとに内容を整理しながら読もう。

目標タイム：1分30秒　**本文語数**：183 words

語注：□ keynote　基調（講演）　□ unforeseen　予測できない
　　　□ circumstance　事情　□ be named　選ばれる　□ utilize　～を活用する
　　　□ inventory　在庫　□ address　演説

文書は次ページから始まります ➡

To: tim_c88@umail.com
From: joyce-r@bbfuture.com
Date: May 2
Subject: Change in keynote speaker

Dear Tim Chung,

Thank you for registering for our upcoming Future Food-Tech
Conference. Due to unforeseen circumstances, our keynote speaker
Samuel Lacroix is now unable to attend the conference. It is our
pleasure to announce that the keynote talk will be given by John
King instead.

John King was named one of the 20 Most Influential Chefs in the
French Cuisine Industry in 2018 and Restaurant Owner of the Year
in 2017. He is both a wonderful chef and a creative business owner
who utilizes multifunctional software to improve efficiency. The
online ordering systems, reservation systems, and inventory
management systems he uses allow him to generate constant
revenue at his restaurant.

Your opportunity to hear John King speak is on Saturday,
November 22 from 1:30 P.M. to 3:00 P.M. when he will give the
keynote address: Empowering Restaurants. Some of the software
he utilizes will be on display in Room 202 from noon to 1:30 P.M. It
is highly recommended that you stop by the room before his talk if
you are unfamiliar with software used in the restaurant industry. We
hope to see you there!

Sincerely,

Joyce Riley
Conference Coordinator

内容確認問題
英文の内容と一致していたらTに、一致していなければFに○を付けましょう。
1. 新しい基調講演者は独創的なメニューの開発に定評がある。　　　　T / F

148

２．新しい基調講演者の成功の秘訣はコンピューターの活用にある。　　　T / F
３．会場で、レストラン業界で人気のあるソフトウエアが販売される。　　　T / F

［スラッシュと訳例］

To: tim_c88@umail.com
From: joyce-r@bbfuture.com
Date: May 2
Subject: Change in keynote speaker
件名：基調講演者の変更

Dear Tim Chung,

Thank you/for registering/for our upcoming Future Food-Tech Conference.//
　　　　　/登録してくれて　　　　/私たちの今度のFuture Food-Tech Conferenceに。　　　　　　//

Due to unforeseen circumstances,/
予測できない事情のため、/

our keynote speaker Samuel Lacroix is now unable/to attend/
基調講演者Samuel Lacroixはできなくなった　　　　　　　　　/出席が/

the conference.//
このカンファレンスに。//

It is our pleasure to announce/that the keynote talk will be given/
　　　　　　　　　　　　　　/基調講演は行われる/

by John King/instead.//
John King によって/代わりに。//

John King was named/one of/the 20 Most Influential Chefs/
John Kingは選ばれた　　/の一人に→/20人の最も影響力のあるシェフ/

in the French Cuisine Industry/in 2018/and/Restaurant Owner of the Year/
フランス料理業界の　　　　　/2018年に /それと/Restaurant Owner of the Yearにも/

in 2017.//
2017年に。//

He is both/a wonderful chef/and/a creative business owner/who utilizes/
彼は両方だ　/素晴らしいシェフで　/そして/創造性に富んだビジネスオーナーだ　/（その人は）活用する/

multifunctional software/to improve efficiency.//
多機能のソフトウエアを　　/効率の改善のために。　　//

The online ordering systems, reservation systems, and inventory management systems/
オンライン注文システム、予約システム、そして在庫管理システム/

he uses/allow him/to generate constant revenue/at his restaurant.//
彼が使う　/は彼に可能にする/持続する収益を生み出すことを　　/彼のレストランで。　　　//

149

Your opportunity/to hear John King speak/is on Saturday,/November 22/
あなたの機会　　　/John Kingの話を聞くための　　　/はSaturday、　　/November 22/

from 1:30 P.M. to 3:00 P.M./when/he will give the keynote address:/
1:30 P.M.〜3:00 P.M. だ　　　/その時 /彼は基調演説を行う:/

Empowering Restaurants.//
『レストランに力を』。　　　　//

Some of the software/he utilizes/will be on display/in Room 202/
いくつかのソフトウエア　　/彼が活用している/が展示される　　　　/Room 202に/

from noon to 1:30 P.M.//
正午〜1:30 P.M.。　　　//

It is highly recommended/that you stop by/the room/before his talk/
とてもお勧めだ　　　　　/あなたが立ち寄ることは/その部屋に /彼のトークの前に/

if you are unfamiliar/with software/used in the restaurant industry.//
もし詳しくないなら　　　/ソフトウエアに　　/レストラン業界で使われている。　　　　//

We hope to see you there!//

Sincerely,

Joyce Riley
Conference Coordinator

［内容確認問題の正解］　1. F　　2. T　　3. F

🔊)) 054

EXERCISE 12

Notice（告知）
・ビジュアル化などを駆使して英語の語順通りに読み進めよう。
目標タイム：1分30秒　**本文語数**：184 words

語注：□ inclusive　包括的な　　□ initiative　新たな取り組み
　　　□ encourage　〜を促進する　□ commitment　献身　□ explore　〜を探る
　　　□ foster　〜を発展させる　□ mandatory　義務の

Attend a Free Seminar

　All employees are invited to attend the seminar, Inclusive and

Healthy Workplaces, on December 5 from 9:30 to 12:00. Seminars are being offered throughout the year as part of our initiative to promote an inclusive workplace for our growing number of international members of staff. In order to succeed in this fast-paced society, we hope leaders can encourage all members' commitment to creating a positive workplace.

The goal of the seminar is to explore ways to foster a work environment where employees with differences can all succeed and work as a team comfortably. In the seminar, participants will examine the different kinds of issues employees may face depending on their cultural backgrounds. There will be several case studies presented to discuss diversity in the workplace. Furthermore, a few activities useful for developing leadership skills will also be presented. Participants are expected to become familiar with communication methods that can be used to empower others.

Participation is mandatory for managers. However, anyone may join the seminar without registration. Please be advised to ask for permission from your manager to attend before coming to Ridgewood Hall.

内容確認問題
英文の内容と一致していたらTに、一致していなければFに○を付けましょう。
1. この会社ではさまざまな国の出身者が一緒に働いている。　　　T / F
2. セミナーの参加者は指導力やコミュニケーション力を磨く。　　T / F
3. セミナーには従業員なら誰でも参加できる。　　　　　　　　　T / F

［スラッシュと訳例］
Attend a Free Seminar
無料セミナーへの参加

All employees/are invited/to attend the seminar,/
全従業員が　　　　　/招かれている　/そのセミナーへ参加することに、/

Inclusive and Healthy Workplaces,/on December 5/from 9:30 to 12:00.//
『包括的かつ健全な職場環境』に、　　　/December 5の　　/9:30 ～12:00。　　　//

Seminars are being offered/throughout the year/as part of our initiative/
セミナーは提供されている　　　/年間を通じて　　　　/私たちの新たな取り組みの一部として /

to promote/an inclusive workplace/
促進するための /包括的な職場環境を /

for our growing number of international members of staff.//
増え続けている国際的なスタッフたちのために。　　　　　　　　//

In order to succeed/in this fast-paced society,/we hope/
成功するために　　　　　/ペースの速いこの社会で、　　　/我々は望む /

leaders can encourage/all members' commitment/
指導者が促進できることを　/全員の献身を /

to creating a positive workplace.//
建設的な職場環境を作ることへの。　　/

The goal of the seminar is/to explore ways/to foster a work environment/
セミナーの目的は　　　　　　/方法を探ること　　/職場環境を発展させるための /

where/employees with differences can all succeed/and/work/as a team/
そこでは /さまざまな違いを持つ従業員全員がうまくいって　/そして /働ける /チームとして /

comfortably.//
快適に。　　//

In the seminar,/participants will examine/the different kinds of issues/
セミナーでは、　　/参加者は注意深く見る　　　/いろいろな問題を /

employees may face/depending on/their cultural backgrounds.//
従業員たちが直面するかもしれない /〜によって　　/彼らの文化的背景。　　　　//

There will be several case studies presented/to discuss diversity/
いくつかの事例研究が示される　　　　　　　　/多様性を話し合うために /

in the workplace.//
職場における。　　//

Furthermore,/a few activities/useful for developing leadership skills/
さらに、　　　/いくつかの活動　　/指導力の技量を磨くのに役立つ /

will also be presented.//
も示される。　　//

Participants are expected/to become familiar/with communication methods/
参加者は期待される　　　　　/詳しくなることを　　/いくつかのコミュニケーションの方法に /

that can be used/to empower others.//
それは使える　　　/他の人たちを力づけるために。//

Participation is mandatory/for managers.//
参加は義務です　　　　　　　/マネジャーたちには。//

However,/anyone may join the seminar/without registration.//
しかしながら、/誰でもこのセミナーに参加してよい　　　/登録なしで。　　　　//

Please be advised/to ask for/permission/from your manager/to attend/
お勧めします　　　　/求めることを /許可を　　　/あなたのマネジャーから　　/参加するために /

before/coming to Ridgewood Hall.//
〜の前に /Ridgewood Hallに来る。　　　//

［内容確認問題の正解］　1. T　　2. T　　3. T

EXERCISE 13　　　　　　　　　　　🔊 055

Brochure（パンフレット）

・wash itのように、動詞＋目的語がワンフレーズのようになっているときは、間で無理に切らず、リズムよく読み進めよう。
・小見出しを、その段落の内容を整理する標識にしよう。
・主語を後ろから修飾している過去分詞を述語と勘違いしないように。

目標タイム：1分30秒　**本文語数**：182 words

語注：□ distribute　〜を流通させる　□ durable　丈夫な　□ degree　（角）度
　　　□ manner　方法、手段　□ lay it down　それを載せる　□ gentle　軽い
　　　□ reposition　〜を置き直す　□ adhesive　接着剤

文書は次ページから始まります ➡

RC Smartphone Ring Stand

Introduction

The RC Smartphone Ring Stand, manufactured and distributed by Color Swirl, can be used on most smartphones. Place your fingers into it and the Ring Stand ensures a secure grip when holding your smartphone. It also allows users to watch movies or play games comfortably. The durable stand conveniently rotates 360 degrees for positioning your phone at any angle in a stable manner.

Setup

Placing the Ring Stand is easy. First, clean your device with a dry cloth. Next, peel off the sheet on the back of the ring. Then, lay it down carefully on the back of your smartphone and apply gentle pressure with your hands. If you need to reposition the Ring Stand, do not worry. The reusable adhesive makes the product long-lasting and environmentally friendly. Remove the Ring Stand, wash it, and position it again until you are completely satisfied.

Caution

Do not apply strong pressure to the product. The product is guaranteed against defects for one year. If the product cracks, remove it and discontinue use immediately. Please visit our Web site for details regarding warranty. (https://rcsmartphone-rs.com/warranty)

内容確認問題

英文の内容と一致していたらTに、一致していなければFに〇を付けましょう。

1. RCスマートフォンリングスタンドは映画を視聴するのに理想的な角度に設定されている。　　　　　　　　　　　　　　　　　　　　　T / F

2. RCスマートフォンリングスタンドの特徴の一つは環境に配慮している点だ。　　　　　　　　　　　　　　　　　　　　　　　　　　T / F

3. RCスマートフォンリングスタンドをスマートフォンにしっかりと固定するには強く押し付ける必要がある。　　　　　　　　　　　　　T / F

[スラッシュと訳例]

RC Smartphone Ring Stand
RCスマートフォンリングスタンド

Introduction
イントロダクション

The RC Smartphone Ring Stand,/manufactured and distributed/
RCスマートフォンリングスタンド、　　　/製造され그리고流通されている/

by Color Swirl,/can be used/on most smartphones.//
Color Swirlによって、/は使用できる　/ほとんどのスマートフォンで。　//

Place your fingers/into it/and/the Ring Stand/ensures/a secure grip/
あなたの指を置いて　　/その中に/すると/リングスタンドは　/確実にする/しっかりとしたグリップを/

when/holding your smartphone.//
の時に→/あなたのスマートフォンを持つ。　//

It also allows users/to watch movies/or/play games/comfortably.//
それはまた使用者に可能にする/映画を見ることを　/あるいは/ゲームをすることを/快適に。　//

The durable stand/conveniently rotates/360 degrees/for positioning/
この丈夫なスタンドは　　/使いやすく回転する　　/360度　　　　/位置を決めるために/

your phone/at any angle/in a stable manner.//
あなたのスマートフォンの/どんな角度でも/安定した方法で。　//

Setup
組み立て

Placing the Ring Stand is easy.//
リングスタンドを設置するのは簡単だ。　//

First,/clean your device/with a dry cloth.//
最初に、/あなたの機器をきれいにする/乾いた布で。　//

Next,/peel off the sheet/on the back of the ring.//
次に、　/シートをはがす　　/リングの後ろの。　　//

Then,/lay it down/carefully/on the back of your smartphone/and/
それから、/載せる　　/慎重に　/スマートフォンの裏側に　　　　/そして/

apply gentle pressure/with your hands.//
軽い圧力を加える　　/手で。　　//

If you need/to reposition the Ring Stand,/do not worry.//
もし必要ならば　/リングスタンドを付け直すことが、/心配はいらない。　//

The reusable adhesive/makes/the product/
再利用可能な接着剤が　　/する→　/この製品を/

long-lasting and environmentally friendly.//
長持ちで環境に優しく。   //

Remove the Ring Stand,/wash it,/and/position it/again/until/
リングスタンドを外して、   /洗って、   /そして/置いて   /もう一度/〜するまで/

you are completely satisfied.//
あなたが完全に満足する。   //

Caution
注意

Do not apply strong pressure/to the product.//
強い圧力を加えないで   /製品に。   //

The product is guaranteed/against defects/for one year.//
製品は保証される   /欠陥に対して   /1年間。   //

If the product cracks,/remove it/and/discontinue use/immediately.//
もし製品がひび割れたなら、   /取り外して /そして/使用を中止して   /速やかに。   //

Please visit our Web site/for details/regarding warranty.//
訪ねてください私たちのウェブサイトを/詳細のために/保証に関する。   //

(https://rcsmartphone-rs.com/warranty)

[内容確認問題の正解]   1. F   2. T   3. F

EXERCISE 14

🔊 056

Article（記事）

・このニュースがテレビで報道されたらどんな画像になるか、脳内でビジュアル
化しながら読もう。

目標タイム：1分30秒 **本文語数**：177words

語注：□ approve 〜を承認する □ numerous 大勢の □ facility 施設
　　　□ cordially 謹んで、誠意をもって □ dedication 献身
　　　□ achievement 功績 □ many 多くの人

Gymnasium Naming Ceremony at Redwood Park
October 24, 2019

Gardena, FL – On October 1, Gardena City Council approved the naming of the newly renovated Redwood Park Gymnasium to "Lee Taylor Gymnasium." Lee Taylor, who passed away in 2017, was a beloved baseball coach with a lifelong commitment to supporting our community. The Taylor family took leadership to complete the renovations. With support from numerous community members, their efforts have helped rebuild the gymnasium into one of the premier facilities in the neighborhood.

Community members are cordially invited to attend a naming ceremony on November 18 at 7:00 P.M. in the gymnasium. "The City of Gardena is proud to honor the Taylor family by recognizing Lee's dedication with the naming of the gymnasium. Please join us in celebrating his achievements," said Mayor Susan Welch. There will be a speech given by James Tipton, a former major league player. Before he advanced into his professional career, he was one of the fortunate many who learned baseball under Coach Taylor.

Snacks and refreshments will be served following the event. More information about the event can be found at www.gardena-parks. com/calendar.

内容確認問題

英文の内容と一致していたらTに、一致していなければFに〇を付けましょう。

1. Gardena Cityは地元出身の選手の名前を体育館に付けた。　　T / F
2. James TiptonはLee Taylorに習った。　　T / F
3. 体育館の命名セレモニーにはスポーツ選手だけが参加できる。　　T / F

［スラッシュと訳例］

Gymnasium Naming Ceremony/at Redwood Park//
体育館の命名セレモニー　　　　　/Redwood Parkで　　//

October 24, 2019

Gardena, FL/– On October 1,/Gardena City Council approved/
Gardena, FL　　/October 1に、　　/Gardena市議会は承認した/

the naming/of the newly renovated Redwood Park Gymnasium/
命名を　　　　/新たに改修されたRedwood Park体育館の/

to "Lee Taylor Gymnasium."//
Lee Taylor体育館とすると。　　　//

Lee Taylor,/who passed away in 2017,/was a beloved baseball coach/
Lee Taylor、　/2017年に亡くなった、　/は愛された野球コーチだった/

with a lifelong commitment/to supporting our community.//
生涯にわたる献身で　　　/我々のコミュニティーの支援への。　　//

The Taylor family took leadership/to complete the renovations.//
Taylor家がリーダーとなった　　　/この改修を完成させるのに。　　//

With support from numerous community members,/
大勢の地域のメンバーたちの支援とともに、/

their efforts have helped/rebuild the gymnasium/
彼らの努力が助けた　　　/体育館を再建することを/

into one of the premier facilities/in the neighborhood.//
第一級の施設の一つに　　　　/近隣で。　　//

Community members are cordially invited/
地域のメンバーたちは謹んで招待された/

to attend a naming ceremony/on November 18/at 7:00 P.M./
命名セレモニーに出席するために　/November 18の　/7:00 P.M.に/

in the gymnasium.//
体育館で。　　//

"The City of Gardena is proud/to honor the Taylor family/
「Gardena市は誇りに思う　　/Taylor家をたたえることを/

by recognizing Lee's dedication/with the naming of the gymnasium.//
Leeの献身を称賛することで　　/体育館にその名前を付けて。　　//

Please join us/in celebrating his achievements,"/
参加してください　/彼の功績を祝うのに」/

said Mayor Susan Welch.//
と市長Susan Welchは言った。　　//

There will be a speech/given by James Tipton,/
スピーチがある　　/James Tiptonによる/

a former major league player.//
元メジャーリーグ選手の。　　//

Before/he advanced into his professional career,/
よりも前に→/彼がプロ選手としてのキャリアに進んだ、/

Lindsay Holmes
Enrollment Services Manager
Greatest Online Academy

内容確認問題
英文の内容と一致していたらTに、一致していなければFに〇を付けましょう。
1. Ms. Yamakiは別な教育プラログラムを受講した。　　　　　　　T / F
2. Greatest Online Academyではビジネスの学位が取得できる。　　T / F
3. コース登録者はオンラインで教える教授陣との食事会に招かれる。　T / F

[スラッシュと訳例]

To: m_yamaki@stmail.com
From: lindsay-h@goacademy.com
Date: June 1
Subject: Special Offer
件名：特別な提供

Dear Ms. Yamaki,

You are invited/to join scholars/at Greatest Online Academy,/
あなたは招待される　　/学ぶ人の集まりに参加するために/Greatest Online Academyで、/

a new virtual university/for those seeking knowledge and education/
新しいバーチャル大学　　　　/知識と教育を求める人たちのために/

to open doors/to future opportunities.//
扉を開くための　　　/未来のチャンスへの。　　//

The program is brought/to you/by our professional team/that created/
このプログラムはもたらされる　　/あなたに/我々の専門家チームによって　　/そのチームは作った/

the Educate Yourself program.//
Educate Yourselfプログラムを。　　//

We believe/you finished/the program/with complete satisfaction.//
私たちは信じている→/あなたが終えたことを/このプログラムを/完全に満足して。　　　　//

The academy inspires learning/
このacademyは学びを刺激する/

through videos and thousands of educational activities/
ビデオや数多くの教育的な活動を通じて/

along with interactive classes/with professors.//
対話式のクラスと共に　　　　　/教授たちとの。　　//

You will become knowledgeable/in finance, marketing, and management/
あなたは知識が豊富になるだろう　　　　/財務、マーケティング、そして経営において/

through participating/in our extensive curriculum.//
参加することで　　　　/我々の広範囲にわたるカリキュラムに。　//

The academy provides/a productive learning environment/
このacademyは提供する　　　/有意義な学習環境を/

for only $399.99 a month.//
1カ月たった $399.99で。　　//

You will have unlimited access/to videos and quizzes/
あなたは制限なしのアクセスを持つ　　　/ビデオとクイズへ/

to check your understanding.//
あなたの理解を確認するための。　　//

Start/your learning adventure/today/by clicking here/and/receive/
始めよう/あなたの学びの冒険を　　　　/今日　/clicking hereすることで/そして/受け取ろう/

your first month of education/for free!//
最初の1カ月の教育を　　　　/無料で!　//

Are you concerned/about making a decision/without talking to anyone?//
心配ですか　　　　/決心することが　　　/誰とも話さずに。　　//

Don't worry.//
心配はいらない。　//

If you prefer/to make a decision to enroll/after/
もし好むなら　/登録を決心することを　　　/の後で→/

speaking to some faculty members,/you can meet them/in person!//
何人かの教授陣のメンバーとの会話、　　　/あなたは彼らに会える　/直接!　　//

Join/a casual dinner/with our professors/in major cities/around the nation.//
参加してください/カジュアルな夕食会に/我々の教授たちとの/主要都市での　　/国中の。　　//

The schedule and sign-up information can be found/on our Web site:
予定と登録の情報は見ることができる　　　　　　　/我々のウェブサイトで:

https://www.goacademy.com/dinnersession

We will also be providing/a three-day workshop/in August/to introduce/
我々はまた提供する　　　　/3日間のワークショップを　/Augustに　/紹介するために/

162

our business management course.//
我々のビジネスマネジメントのコースを。　//

The workshops will be offered/in New York, Chicago, and Los Angeles.//
ワークショップが提供される　　　　　/New York、Chicago、そしてLos Angelesで。　　　//

We will provide you/with more information/in an e-mail/scheduled/
私たちは提供する　　/より多くの情報を　　　　　/メールで　　/予定されている/

to be sent out/next week.//
送信が　　　　/来週に。　//

We hope/you join/our community/to gain/essential skills/
私たちは望む /あなたが参加することを /私たちのコミュニティーに /得るために /不可欠なスキルを→/

in business!//
ビジネスにおいて！//

Sincerely,

Lindsay Holmes
Enrollment Services Manager
登録サービスマネジャー

Greatest Online Academy

[内容確認問題の正解]　1. T　　2. F　　3. F

EXERCISE 16　　　　　　　　　　　　　　　🔊) 058

Letter（手紙）
・手紙が書かれた目的を探しながら内容を記憶しよう。

目標タイム：2分　**本文語数**：244 words

語注：□ expectation　期待　□ sincerest　心からの　□ ambience　環境、雰囲気
　　　□ hygienic　衛生的に　□ ensure　〜を確かにする　□ improvement　改善
　　　□ bring an issue to one's attention　問題に注意を向けさせる
　　　□ gift certificate　ギフト券

文書は次ページから始まります ➡

November 6

Shelly Walters
510 W. Vermont Ave.
Barrington, RI 02806

Dear Ms. Walters,

Thank you for your feedback regarding your birthday party. Our goal is to serve high quality dishes in a clean and welcoming restaurant. However, I understand that we did not meet your expectations on the evening of November 3. I want to extend my sincerest apologies for the negative experience that you had on your special day.

I have talked to the restaurant manager, Joe Harbison, about the restrooms not being clean and your server making multiple mistakes on your order. We believe cleanliness affects the restaurant ambience, so we do our best to train our staff members on how to properly keep our facilities hygienic. In order to ensure that necessary improvements are made, we are now going over our cleanliness checklist every half hour rather than once an hour. Your server has also been asked to participate in a re-training program to better serve our customers.

We appreciate you bringing the issues to our attention. We hope your concerns have been handled properly and would like to ask for another chance to serve you. Please find enclosed a $100 gift certificate. Although you see an expiration date printed on it, I have signed the back of the card to overwrite that. Please point this out to your server if you use the gift certificate after the printed date.

If you have any questions or further comments, Joe Harbison will be happy to speak with you. Once again, please accept our sincere apologies.

Sincerely,

Kevin Segundo
District Manager
Lindsay's Grill

内容確認問題

英文の内容と一致していたらTに、一致していなければFに〇を付けましょう。

1. 手紙を受け取った人はレストランに特別な目的を持って出かけていた。　　T / F
2. レストランはその日、人手が足りていなかった。　　T / F
3. 手紙にはおわびとして、有効期限のないギフト券が同封されている。　　T / F

[スラッシュと訳例]

November 6

Shelly Walters
510 W. Vermont Ave.
Barrington, RI 02806

Dear Ms. Walters,

Thank you/for your feedback/regarding your birthday party.//
　　　　　/あなたのフィードバックに /あなたの誕生日パーティに関しての。　　　//

Our goal is to serve/high quality dishes/
私たちのゴールは提供すること/質の高い料理を /

in a clean and welcoming restaurant.//
清潔で心地よいレストランで。　　　　//

However,/I understand/that we did not meet/your expectations/
しかしながら、/私は伺っている　　/私たちは沿わなかったことを　/あなたの期待に /

on the evening/of November 3.//
その夜　　　　　　/November 3の。　//

I want to extend/my sincerest apologies/for the negative experience/
私は伝えたい　　　/心からのおわびを　　　　　　/嫌な体験に対して /

that you had/on your special day.//
あなたがした　　/特別な日に。　　　//

I have talked/to the restaurant manager,/Joe Harbison,/
私は話した /レストランマネジャー、 /Joe Harbisonと、/

about the restrooms/not being clean/and/your server/
化粧室について /清潔でない /また /あなたの給仕係について/

making multiple mistakes/on your order.//
複数のミスをした /あなたの注文に。 //

We believe/cleanliness affects the restaurant ambience,/so/
私たちは信じている→/清潔さはレストランの環境に影響すると、 /なので/

we do our best/to train our staff members/on how to properly keep/
私たちは最善を尽くす /私たちのスタッフメンバーの教育に /いかに適切に保つかの/

our facilities/hygienic.//
私たちの施設を /衛生的に。 //

In order to ensure/that necessary improvements are made,/
確かにするために→ /必要な改善がなされていることを、/

we are now going over/our cleanliness checklist/every half hour/
私たちは今では調べている /私たちの清潔さのチェックリストを /30分ごとに/

rather than once an hour.//
1時間ごとではなく。 //

Your server has also been asked/to participate/
給仕係もまた依頼された /参加することを/

in a re-training program/to better serve/our customers.//
再教育プログラムに /よりよくサービスできるように/私たちの顧客に。//

We appreciate you/bringing the issues to our attention.//
/注意喚起をしてくれて。 //

We hope/your concerns have been handled properly/and/
私たちは望む /あなたの懸念が適切に扱われたことを /そして/

would like to ask for/another chance/to serve you.//
求めたい /再度の機会を /あなたにサービスする。//

Please find enclosed a $100 gift certificate.//
$100分のギフト券を同封します。 //

Although/you see an expiration date/printed on it,/I have signed/
にもかかわらず→/有効期限がある /印刷された、 /私は署名した/

the back of the card/to overwrite that.//
カードの裏に /それを上書きするために。//

Please point this out/to your server/if you use the gift certificate/
これを示してください /あなたの給仕係に /もしもあなたがギフト券を利用するならば/

after the printed date.//
印刷の日付より後に。　//

If you have any questions or further comments,/
もし質問やさらなるコメントがあるなら、/

Joe Harbison will be happy to speak/with you.//
Joe Harbison が喜んで話をする　　　　/あなたと。　//

Once again,/please accept/our sincere apologies.//
あらためて　　/受け入れてください/心からの謝罪を。　　//

Sincerely,

Kevin Segundo
District Manager
地区マネジャー

Lindsay's Grill

［内容確認問題の正解］　1. T　　2. F　　3. T

EXERCISE 17

🔊 059

Article（記事）

・段落ごとに頭の中に要約を作るつもりで読もう。

目標タイム：2分　**本文語数**：245 words

語注：□ performance　業績　□ claim　〜を主張する　□ result in 〜　〜につながる
　　　□ suitable　適した　□ feature　特長、売り　□ minor　重要ではない
　　　□ stain　汚れ、染み　□ trap　〜（水など）の流れを止める

文書は次ページから始まります ➡

Get a Coffee Maker for Your Office
Racheal Chung

A wide range of studies suggest that free coffee in the office has a positive effect on employees. As a result, it can lead to better business performance for the organization. Researchers claim that coffee can improve a person's memory performance and concentration ability. Furthermore, coffee breaks increase opportunities for informal conversations, resulting in good personal relationships, essential for teamwork. Even if you are cutting down on expenses in your office, there are several reasonably priced coffee makers suitable for the office environment.

Grande's 9-Cup Maker is fast and convenient. It also has useful features like a programmable start time. The coffee tasted pleasantly better than the ones we made with competitors' machines with similar functions. The only minor inconvenience was found after long-term testing. I noticed that stains become visible frequently on the lid because it tends to trap old coffee.

Another good choice is Mercato's Coffee Time, which costs about $20 less than Grande's coffee maker. I believe it makes the most balanced cup of coffee among products on the market for under $60. The best thing about Coffee Time is its simple interface. If you are concerned about how long the coffee has been left in the pot, this is your best choice. It has an indicator that displays how long it's been since the last brew cycle. However, this machine does require a longer drip time.

*Rachael's team tested over 80 coffee machines and espresso machines. Click HERE for more reviews.

内容確認問題
英文の内容と一致していたらTに、一致していなければFに〇を付けましょう。
1. この記事は飲食店経営者向けの業界紙に掲載されている。　　　　　　　T / F

2．コーヒーは仕事の効率を上げる効果があることが知られている。　　　T / F

3．著者は、コーヒーメーカーは高価な方が味も機能も良いと主張している。

T / F

［スラッシュと訳例］

Get a Coffee Maker/for Your Office
コーヒーメーカーを手に入れよう/あなたのオフィスに

Racheal Chung

A wide range of studies suggest/
さまざまな研究が示している→/

that free coffee in the office has a positive effect/on employees.//
オフィスの無料のコーヒーには良い効果があることを　　　　　/従業員たちに。　　　//

As a result,/it can lead/to better business performance/for the organization.//
結果として、　　/それは導き得る/より良い経営業績に　　　　　/組織にとって。　　　//

Researchers claim/that coffee can improve/
研究者は主張する→　　　/コーヒーは改善できると/

a person's memory performance and concentration ability.//
人の記憶力と集中力を。　　　　　　　　　　　　　　//

Furthermore,/
さらに、/

coffee breaks increase opportunities for informal conversations,/
コーヒーブレークは非公式な会話の機会を増やす、/

resulting in good personal relationships,/essential for teamwork.//
良い人間関係につながる、　　　　　　　/チームワークに欠かせない。　//

Even if you are cutting down on expenses/in your office,/
もしあなたが経費を節減している最中なら　　　/オフィスで、/

there are several reasonably priced coffee makers/
いくつか手頃な価格のコーヒーメーカーがある/

suitable for the office environment.//
オフィス環境に適した。　　　　//

Grande's 9-Cup Maker is fast and convenient.//
Grande の 9-Cup Maker は早くて便利だ。　　　//

It also has useful features/like a programmable start time.//
便利な特長もある　　　　/スタート時間を設定できるような。　//

The coffee tasted pleasantly better/than the ones/we made/
（このマシンで入れた）コーヒーは味わいがより良かった／ほかのに比べて／私たちが入れる／

with competitors' machines/with similar functions.//
競合機で　　　　　　　　　　　　／同様の機能がある。　　　　　//

The only minor inconvenience was found/after long-term testing.//
唯一の小さな問題が見つかった　　　　　　　／長時間のテストの後。　　　　//

I noticed/that stains become visible/frequently/on the lid/because/
私は気が付いた／汚れが見えるようになることを　／しばしば　／ふたに　／なぜなら／

it tends to trap old coffee.//
古いコーヒーが溜まる傾向があるから。//

Another good choice is Mercato's Coffee Time,/which costs/about $20 less/
別の良い選択はMercatoの Coffee Timeだ、　　　　　　／それは費用がかかる／約 $20 少なく／

than Grande's coffee maker.//
Grandeのコーヒーメーカーよりも。　　　／／

I believe/it makes the most balanced cup of coffee/
私は信じている／このマシンは最もバランスの良いコーヒーを作ると／

among products on the market/for under $60.//
市場に出ている製品の中で　　　　　　／$60未満の。　　　　／／

The best thing about Coffee Time is its simple interface.//
Coffee Timeの最も良い点はシンプルなインターフェース（使い勝手）だ。　　　／／

If you are concerned/about how long/the coffee has been left in the pot,/
もし心配なら→　　　　　／およそどのくらいの時間／そのコーヒーがポットに入ったままなのかが、／

this is your best choice.//
これが一番だ。　　　　　／／

It has an indicator/that displays/how long it's been/
このマシンには表示がある／それは示す　／どのくらいの時間がたったか／

since the last brew cycle.//
最後の抽出サイクルから。　　／／

However,/this machine does require a longer drip time.//
しかしながら、／このマシンはより長いドリップ時間を要する。　　　／／

*Rachel's team tested/over 80 coffee machines and espresso machines.//
Rachelのチームはテストした　／80以上のコーヒーマシンとエスプレッソマシンを。　　　／／

Click HERE for more reviews.//
Click HERE より多くのレビューのために。　　／／

EXERCISE 18

🔊 060　　🔊 061

Flier and E-mail（チラシとメール）

・1つ目のチラシは、自分でレンタカーを利用するつもりで、情報をまとめながら読もう。
・2つ目のメールは、1つ目の文書との関連も意識しながら読もう。

目標タイム：1分30秒　**本文語数**：115 words＋64 words

語注：□ overpriced　値段が高過ぎる　□ trustworthy　信用できる
　　　□ coverage　補償　□ special note　特記　□ condition　条件
　　　□ obtain　〜を入手する　□ amend　〜を修正する　□ site　場所

文書は次ページから始まります ➡

Capitola Car Rental
Why wait? Book your car rental with Capitola!

· Competitive rates, plus weekend and holiday discounts.
· Extensive range of quality cars of your choice, subject to availability.
· No additional fee for a one-way trip. Conveniently pick up and drop off at any of our locations.
· No unnecessarily overpriced insurance. Get trustworthy coverage at amazing rates with our insurance provider.

Special Note:

Best rate guaranteed! If you find a lower rate for the same rental conditions, contact us, and we will match the price! If you reserved your car through a booking site, contact its helpdesk.
A representative will contact us.
*Rates obtained through use of discounts, coupons, and upgrade offers are excluded from the best-rate-guarantee program.

To: Rika Komori
From: Best Car Rentals (Support)
Date: July 16
Subject: Rental Car Booking 6295r72

Dear Ms. Komori,

We have received your request to amend your booking and matched the best rate. We have advised your car supplier about the changes and they have amended the rate directly on their system. You will be able to collect the vehicle with your reservation ticket. However, please keep a copy of this e-mail until you confirm the updated rates at the site of pickup.

Kind regards,
Leticia Kayne

内容確認問題

英文の内容と一致していたらTに、一致していなければFに〇を付けましょう。

1. Capitola Car Rentalは業界最安値で車を貸していることが売りだ。　　T / F
2. best-rate-guaranteeプログラムを使うにはクーポンが必要だ。　　T / F
3. Ms. KomoriはCapitolaレンタカーに直接予約を入れた。　　T / F

［スラッシュと訳例］

チラシ

Capitola Car Rental

Why wait? / Book your car rental / with Capitola! //
なぜ待つのか？　//レンタカーを予約しよう　　/Capitolaで！　　　//

・Competitive rates, / plus weekend and holiday discounts. //
他に負けない価格、　　/加えて週末と祝日割引。　　　　　//

・Extensive range of quality cars / of your choice, / subject to availability. //
幅広いタイプの品質の良い車　　/あなたの好みの、　/利用可能を条件に（台数限定）　//

・No additional fee / for a one-way trip. //
追加料金なし　　　/片道利用に対して。　　//

　Conveniently pick up and drop off / at any of our locations. //
便利に受け取りそして返却してください　　　/私たちのいずれかの営業所で。　//

・No unnecessarily overpriced insurance. //
不必要に高過ぎる保険はない。　　　　//

　Get trustworthy coverage / at amazing rates / with our insurance provider. //
信用できる補償を手に入れよう　　/驚きの料金で　　/私たちの保険提供者から。　//

Special Note:
特記：

Best rate guaranteed! / If you find a lower rate /
最良の料金を保証!　　　//もしもより低額の料金を見つけたら/

for the same rental conditions, / contact us, / and / we will match the price! //
同じレンタル条件で、　　　　　/連絡してください、/そして/私たちはその値段に合わせます！//

If you reserved your car / through a booking site, / contact its helpdesk. //
もしも車を予約していたら　　/予約サイトを通して、　　/そこのヘルプデスクに連絡してください。//

A representative will contact us. //
担当者が私たちに連絡してくれる。　//

*Rates/obtained/through use of discounts, coupons, and upgrade offers/
料金　　/獲得された　/割引、クーポン、アップグレードサービスの利用で/

are excluded/from the best-rate-guarantee program.//
は除外される　　　/the best-rate-guarantee プログラムから。　　　//

＊＊＊＊＊＊＊＊＊＊＊＊＊＊＊＊＊＊＊＊＊＊＊＊＊＊＊＊＊＊

メール
To: Rika Komori
From: Best Car Rentals (Support)
Date: July 16
Subject: Rental Car Booking 6295r72
件名：レンタカー予約 6295r72

Dear Ms. Komori,

We have received your request/to amend your booking/and/
あなたからの要請を受け取った　　　　/予約を修正するための　　　　/そして/

matched the best rate.//
最良の料金に合わせた。　　/　//

We have advised your car supplier/about the changes/and/
あなたの車の提供業者には通知してある　　　　/変更について　　　/そして/

they have amended the rate/directly on their system.//
彼らは料金の修正を済ませた　　　/直接彼らのシステムで。　　//

You will be able to collect the vehicle/with your reservation ticket.//
あなたは車を受け取れる　　　　　　/予約チケットで。　　　　//

However,/please keep a copy of this e-mail/
ただし　　/このメールのコピーを保持してください/

until you confirm the updated rates/at the site of pickup.//
更新された料金を確認するまでは　　/受け取り場所で。　　　//

Kind regards,

Leticia Kayne

174

［**内容確認問題の正解**］　1. T　　2. F　　3. F

お疲れさまでした。
長文を読むのにもだいぶ慣れてきましたよね。次の章ではTOEIC形式の長文問題
にチャレンジしましょう。

同時通訳者に聞く、一直線読みのコツ　その4

Q4 通訳の現場では、どんどん入って来る新しい情報を聞き取って処理しながら、筋の通った訳にしていかなくてはいけないわけですが、先に訳した情報は頭の中でどのように維持しているのですか？

森田：文章全体の内容をまとめてイメージ化、ストーリー化します。絵やイメージが描ければ、内容を記憶に保持できますから。
もちろん、通訳時には並行してメモも活用します。

中井：一つ一つの単語や表現にこだわらず、全体の流れを捉えるようにします。聞こえてきた英語を頭の中でイメージ化し、そのイメージを日本語で表現し直す感じです。
同時通訳のときは、情報が出た順番に次々訳していくので、あまり情報を記憶にとどめておく必要はないのですが、逐次通訳 *の場合は、発言が終わるまで情報をとどめておくために、キーワードをメモ取りします。いずれの場合も、頭の中でストーリーが描ければ、固有名詞や数字以外の情報なら、イメージとして頭に残しておけます。

*話者が区切りの良いところまで話し、通訳者がそこまでの話を訳す通訳スタイル。

現役通訳者さんが英文を処理する方法を、4回にわたってお伝えしてきましたが、いかがでしたか。
お二人のお話は、通訳という、耳から聞いた言葉を別の言語に訳して口から出す作業に関するものですが、リーディングに置き換えて考えてみても、やはり、英語の語順通りに一直線読みしつつ、頭の中で整理していくことが、読解速度の向上には欠かせないようです。
本書でこのスキルを身に付けて、TOEIC対策に限らず、いろいろな場面でのリーディングにぜひ役立てください。

8

第8章

TOEIC形式で
エクササイズ

この章では、一直線読みで
実際に TOEIC形式の問題を解いてみましょう。

エクササイズの手順

次ページからのエクササイズは、下記の手順に従って行ってください。

① 問題に取り組む前に、自分のレベルや好みに合わせて、次の2種類の練習法のどちらかを選びます。

●タイプ1

問題文を一直線読みで最後まで読む ➡ 設問を読む ➡ 解答する

こちらが理想ですが、最初はハードルが高く感じられるかもしれません。

●タイプ2

先に設問に目を通す ➡ 問題文を一直線読みで最後まで読む ➡ 解答する

先に目を通すのは設問を1回だけ。各選択肢には目を通さないでください。途中で全ての設問の解答が分かっても、問題文は最後まで読んでください。

② 各問題には読解の「目標タイム」が提示してあります。自分の読解タイムをスマートフォンなどで計ってみましょう。目標タイムより短ければ、120 wpmをクリアしています。

③ 問題に取り組む前に語注に目を通し、知らない語彙を確認しておいてください。

④ ①で選んだタイプに従って、問題を解きましょう。

⑤ TOEIC形式の設問とは別に、日本語での「内容確認問題」が付いています。解答して問題文の理解度を確認しましょう。

⑥ 最後に問題文をもう一度一直線に読んで、理解できているかを確認しましょう。解答根拠の確認もしてください。繰り返し読むことは、読解力アップに最も効果があります。

※この章の文書をおよそ120 wpmで読んだ音声が各文書の右肩に表示されている音声のトラックに収録されています。「脳内音読」のトレーニングに活用してください。

EXERCISE 1

🔊 062

目標タイム：本文1分＋設問1分30秒＝2分30秒

語注：□ nonprofit organization　非営利組織
　　　□ positive impact　良い影響　□ causes　理念
　　　□ human services　社会福祉　□ accommodate　応える
　　　□ monetary donation　義援金

Questions 1-3 refer to the following advertisement.

Charitable Contributions Needed!

Natural Market operates many programs to support the community through socially responsible efforts. Throughout the year, we receive a large number of requests from nonprofit organizations working to make a positive impact. We collaborate with such organizations to support a variety of causes. Recently, we have specifically focused on improving human services in the community where we operate our stores.

While we wish we could respond favorably to all requests, the needs are far greater than our allocated resources. Your generous contributions will help us accommodate more calls for help. We gratefully accept monetary donations and daily use items in good condition at any time. Please stop by our customer service counter to pick up a booklet with more information.

1. What is suggested about Natural Market?
   (A) It specializes in organic products
   (B) It operates seasonal charity programs
   (C) It hires people in need of jobs
   (D) It accepts donations throughout the year

2. What are readers encouraged to do?
   (A) Call a nonprofit organization
   (B) Obtain a pamphlet at a counter
   (C) Provide credit card information
   (D) Shop for daily use items

3. What is NOT mentioned about Natural Market?
   (A) It is interested in supporting the community.
   (B) It receives many requests for help.
   (C) It donates food and beverages to people.
   (D) It works in partnership with other organizations.

内容確認問題

英文の内容と一致していたらTに、一致していなければFに〇を付けましょう。

1. Natural Marketは地元への社会貢献に取り組んでいる。　　T / F
2. Natural Marketは社会福祉団体を運営している。　　　　T / F
3. Natural Marketは寄付をしてくれた人にお礼をしている。　T / F

[訳例]　※各訳例を見る際には以下の点に注意してください。

・日本語に訳す必要のない人名、固有名詞、日時、定番表現には日本語訳を付けていません。
・一部、定番表現に第4章で紹介したアイコンを使用しています。
・主語と主動詞を明確にするために、主語の言い換えになっている挿入句、主語を先行詞とする関係詞句には破線を引いてあります。
・正解のヒントの部分には下線を引いてあります。

Questions 1-3/refer/to the following advertisement.//
問題1-3は　　　/参照する/次の広告を。

Charitable Contributions Needed!//
慈善寄付が求められている！　　//

Natural Market operates/many programs/to support the community/
Natural Marketは運営している　/多くのプログラムを　/地域を支援するために/

through socially responsible efforts.//
社会的に責任ある取り組みを通じて。　//

Throughout the year,/we receive/a large number of requests/
年間を通して、　　　/私たちは受け取る/数多くの要望を/

from nonprofit organizations/working to make a positive impact.//
非営利組織から　　　　　　　/良い影響を作るために取り組んでいる。　//

We collaborate/with such organizations/to support a variety of causes.//
私たちは協力する　/そうした団体と　　　　/さまざまな理念を支援するために。　//

Recently,/we have specifically focused/on improving human services/
最近、　　/私たちは特に焦点を当ててきている　/社会福祉の向上に/

in the community/where we operate our stores.//
この地域の　　　/私たちが店舗を営業している　　//

While/we wish/we could respond favorably/to all requests,/
一方で　/私たちは望んでいる/上手く応えられたらと　　/すべての要望に、/

the needs are/far greater/than our allocated resources.//
必要なものは　/はるかに大きいのです/割り当てられている資金よりも。　//

180

Your generous contributions will help/us/accommodate/
あなた方の寛大な寄付が助ける　　　　　/私たちが/応えることを/

more calls for help.//
助けを求めるより多くの声に。//

We gratefully accept/
私たちはありがたく受け入れる/

monetary donations and daily use items in good condition/at any time.//
義援金と良い状態にある日用品を　　　　　　　　　　　　　/いつでも。　//

Please stop by/our customer service counter/to pick up/
立ち寄ってください　/私たちのカスタマーサービスカウンターに　/手に入れるために/

a booklet with more information.//
詳しい情報のある冊子を。　　　　　//

［設問・選択肢の訳と正解］

Tip What is suggested ~のような頻出の設問表現は、訳さなくても理解できるようにしておきましょう。

1. What is suggested/about Natural Market?//
　何が示唆されている　　　　/Natural Marketについて。　//

　(A) It specializes/in organic products.//
　　　専門にする　　　/オーガニック商品を。　//

　(B) It operates/seasonal charity programs.//
　　　運営する　　　/季節ごとの慈善プログラムを。　//

　(C) It hires/people/in need of jobs//
　　　雇用する　/人々を　/職を必要としている。//

　(D) It accepts/donations/throughout the year.//
　　　受け入れる　/寄付を　　/年間を通して。　　//

正解：(D)
寄付はいつでも受け入れているとある。

- -

2. What are readers encouraged/to do?//
　何を読み手は促されているか　　　　/するように。//

　(A) Call/a nonprofit organization
　　　電話する/非営利組織に

　(B) Obtain/a pamphlet/at a counter
　　　入手する　/パンフレットを　/カウンターで

　(C) Provide/credit card information
　　　提供する　/クレジットカード情報を

　(D) Shop/for daily use items
　　　買う　/日用品を

181

正解：(B)

カスタマーサービスカウンターに立ち寄って、詳しいことが出ている冊子を受け取って、とある。

> **Tip** 短いフレーズの選択肢はそこに使われている動詞だけで正解、不正解の判断ができることもあります。問題文の広告が促していることはdonation（寄付）や、booklet（パンフレット）の入手ですから、選択肢の動詞がこれらの行為に一致しているかどうかも判断のヒントになります。

---

3. What is NOT mentioned/about Natural Market?//
何が述べられていないか　　　　/Natural Marketについて。　　//

(A) It is interested in/supporting the community.//
興味がある　　　　　/地域の支援に。　　　　//

(B) It receives many requests/for help.//
多くの要請を受け取る　　　/援助のための。//

(C) It donates/food and beverages/to people.//
寄付する　/食べ物と飲み物を　　/人々に。　//

(D) It works/in partnership/with other organizations.//
取り組む　/協力して　　/他の組織と。　　　　//

正解：(C)

食品を寄付するとは述べられていない。

［内容確認問題の正解］　1. T　　2. F　　3. F

> ☑ **チェックポイント**
> ・「繰り返し読み」をせずに、1と3の選択肢と英文の内容を照合できましたか？

EXERCISE 2

🔊 063

目標タイム：本文1分＋設問1分30秒＝2分30秒

> 語注：□ renovation　改装　□ figure out ~　〜を解明する

Questions 4-6 refer to the following e-mail.

To:	Hector Newcomb
From:	Jennifer Raymond
Date:	February 2
Subject:	Meeting room issues

Hi Hector,

We had another complaint about the projectors not working in our meeting rooms. It seems like the ones in meeting rooms 101 and 104 were having issues this morning. I took out the projector in 102 since we cannot use it due to the renovation and placed it in 101, but it's not working. I believe we have an electrical issue rather than a projector issue.

Will you be able to take a look today? According to the meeting room reservation system, Room 101 will be available from 2 P.M. to 4 P.M. Room 104 will be available after 4 P.M. The rooms are fully booked tomorrow, so it would be best if you can figure out the issue today.

Thanks,
Jennifer

4. Who most likely is Mr. Newcomb?
   (A) A salesperson
   (B) An accountant
   (C) A facilities manager
   (D) A software designer

5. What can be implied about the projectors?
   (A) They have had issues before.
   (B) They have been refurbished.
   (C) They have recently been replaced.
   (D) They have run for hours on end.

6. What has Ms. Raymond asked Mr. Newcomb to do?
   (A) View the meeting room reservation system
   (B) Check for issues in the meeting rooms
   (C) Update the schedule for renovations
   (D) Close down some rooms in the office

内容確認問題

英文の内容と一致していたらTに、一致していなければFに〇を付けましょう。

1. プロジェクターは修理中だ。　　　　　　　　　T / F

2. 現在使用できない会議室がある。　　　　　　　T / F

3. 今日中に全ての会議室を調査する必要がある。　T / F

［訳例］

Questions 4-6/refer/to the following e-mail.//
問題4-6は　　　　　　/参照する/次のメールを。　　　　　　　　　//

To: Hector Newcomb

From: Jennifer Raymond

Date: February 2

Subject: Meeting room issues
件名：会議室の問題

Hi Hector,

We had another complaint/about the projectors/not working/
別の苦情があった　　　　　　/プロジェクターについて　　/動かないと/

in our meeting rooms.//
会議室で。　　　　　　　　//

It seems like/the ones in meeting rooms 101 and 104/were having issues/
〜のように思える　/会議室101と104のものには　　　　　　　　/問題があった/

this morning.//
今朝。　　　　//

I took out/the projector in 102/since we cannot use it/due to the renovation/
私は持ち出した/102のプロジェクターを　/なぜならそれは使えないから　/改装のために/

and/placed it in 101,/but it's not working.//
そして/そのプロジェクターを101に置いた、/でも動かなかった。//

I believe/we have an electrical issue/rather than a projector issue.//
私は考える→/電気的な問題があると　　　　/プロジェクターの問題よりも。　　　//

Will you be able to take a look/today?//
あなたは見ることができるか　　　　/今日。　//

184

According to the meeting room reservation system,/
会議室予約システムによると、/

Room 101 will be available/from 2 P.M. to 4 P.M.//
101号室は空いている /2 P.M.〜4 P.M.まで。//

Room 104 will be available/after 4 P.M.//
104号室は空いている /4 P.M.以降。//

The rooms are fully booked/tomorrow,/so it would be best/
会議室は全て予約されている /明日、 /なので最善だろう/

if you can figure out the issue/today.//
もしあなたが問題を究明できるなら /今日。//

Thanks,
Jennifer

［設問・選択肢の訳と正解］

4. Who most likely is/ Mr. Newcomb?//
誰と考えられるか /Mr. Newcombは。//

(A) A salesperson
販売担当者

(B) An accountant
会計士

(C) A facilities manager
施設管理者

(D) A software designer
ソフトウエア設計者

正解：(C)

Mr. Newcombは使用不能のプロジェクターへの苦情を知らされ、問題解決を依頼されているので、施設管理者と推測できる。

----

5. What can be implied/about the projectors?//
何が示唆されているか /プロジェクターについて。//

(A) They have had issues/before.//
問題があった /以前に。//

(B) They have been refurbished.//
修理調整された。//

(C) They have recently been replaced.//
最近交換された。//

(D) They have run/for hours on end.//
稼働した /長時間連続で。//

正解：(A)

最初にanother complaintと書かれているので、別の苦情がすでにあったと分かる。

------

6. What has/Ms. Raymond asked/Mr. Newcomb/to do?//
　　何をMs. Raymondは頼んだのか　　　　/Mr. Newcombに　/することを。//

(A) View/the meeting room reservation system
　　見る　/会議室予約システムを

(B) Check/for issues/in the meeting rooms
　　点検する /問題を　　/会議室の

(C) Update/the schedule/for renovations
　　更新する　/スケジュールを　/改装の

(D) Close down/some rooms/in the office
　　閉鎖する　　/いくつかの会議室を /オフィスの

正解：(B)

このメールの受け手であるMr. NewcombにMr. Raymondは今日中に原因を究明してくれると好ましい、言っている。

［**内容確認問題の正解**］　1. F　　2. T　　3. F

☑ **チェックポイント**
・It seems ~やI believe ~に続く部分を後戻りせずに読めましたか。

EXERCISE 3　　　　　　　　　　　　　🔊 064

目標タイム：本文1分30秒＋設問1分30秒＝3分

語注：□ terms of the deal　契約条件　□ disclose　～を明らかにする
　　　□ acquisition　買収　□ mutual　双方の　□ cutting-edge　最先端
　　　□ product portfolio　製品ライン　□ leverage　～を利用する
　　　□ well-received　好評を得る

Dino to Acquire ANtech

September 8 – Artificial intelligence technology giant Dino announced yesterday that it will acquire ANtech, a Tokyo-based technology firm that specializes in robotics. Terms of the deal were not disclosed. Asked about its third acquisition this year, Dino's CEO Brianne Mehrotra said, "I am grateful ANtech's CEO Mr. Sato visited our headquarters in Texas last month and we've come to a mutual agreement over our discussions. Our business strategy of acquiring companies with cutting-edge technology enables us to strengthen our product portfolio quickly by leveraging the experience of successful companies." ANtech started its business in 1989 as a company that manufactures robots used in automobile factories. The company shifted its focus in 2002 to developing consumer goods. Since then, it has been designing and manufacturing popular home electronics, using robotic technology. Last year, the company expanded its product line. The new robotic dog, RK-9, has been extremely well-received by busy business people and retired individuals. With its success, the company's revenue almost doubled last year. Starting next year, ANtech's user-friendly product design is expected to incorporate Dino's artificial intelligence technology.

7. What is indicated about Dino?
(A) It has been making frequent acquisitions.
(B) It operates in the same country as ANtech.
(C) It manufactured industrial robots in the past.
(D) It agrees with a change in management.

8. What is NOT mentioned about ANtech?
(A) Its CEO has traveled abroad recently.
(B) Its robotic technology is used in home electronics.
(C) Its products are popular among business people.
(D) Its sales have declined recently.

9. According to the article, what will most likely happen next year?
(A) Dino will be under new management.
(B) ANtech will relocate its headquarters.
(C) A new product will be developed.
(D) Reviews will be posted online.

内容確認問題

英文の内容と一致していたらTに、一致していなければFに〇を付けましょう。

1. Dino社は企業買収で成長してきた。　　　　T / F
2. Dino社はロボット技術に定評がある。　　　　T / F
3. ANtech社は家庭用のロボットを作った。　　T / F

［訳例］

Questions 7-9/refer/to the following article.//
問題7-9は　　　　/参照する/次の記事を。　　　//

Dino to Acquire ANtech
Dino社がANtechを買収予定

September 8 –/Artificial intelligence technology giant Dino/announced/
September 8–　　/人工知能技術の大手企業Dino社は　　　　　/

yesterday/that it will acquire/ANtech,/a Tokyo-based technology firm/
昨日　　　/同社は買収すると　　/ANtechを、/（その会社は）東京を拠点とするテクノロジー企業で /

that specializes/in robotics.//
専門にする　　　/ロボット技術を。//

Terms of the deal/were not disclosed.//
契約条件は　　　/明らかにされていない。　//

Asked/about its third acquisition/this year,/
尋ねられて / 3度目の買収について　　　　/今年の、/

Dino's CEO Brianne Mehrotra said,/"I am grateful/
Dino社CEOの Brianne Mehrotraは言った　/「私は感謝する/

ANtech's CEO Mr. Sato visited/our headquarters/in Texas/last month/
ANtech社のCEO Mr. Satoが訪ねてきたことを /わが社の本社を　　　/Texasの　　/先月/

and we've come/to a mutual agreement/over our discussions.//
そして我々は達した　　　/双方の合意に　　　　/議論を通じて。　　　//

Our business strategy/of acquiring/
我々のビジネス戦略→　　　/買収すること/

companies with cutting-edge technology/enables/us/to strengthen/
最先端技術を持つ会社を　　　　　　　/は可能にする/我々が/強化することを /

our product portfolio/quickly/by leveraging/
我々の製品ラインを　　　/素早く　/利用することで/

the experience of successful companies."//
成功した会社の経験を。」　　　　　　//

188

ANtech started/its business/in 1989/as a company/
ANtech社は始めた　/営業を　　　　/1989年に /会社として/

that manufactures robots/used in automobile factories.//
その会社はロボットを製造する　/自動車工場で使われる。　　　//

The company shifted/its focus/in 2002/to developing consumer goods.//
この会社は移行した　　/その焦点を /2002年に /一般消費者向け製品の開発へと。　//

Since then,/it has been designing and manufacturing/
それ以来、　 /設計と製造をしてきている/

popular home electronics,/using robotic technology.//
人気の家電製品を　　　　　/ロボット技術を使って。　//

Last year,/the company expanded/its product line.//
Last year、 /この会社は拡大した　　　 /製品ラインを。 //

The new robotic dog,/RK-9,/has been extremely well-received/
新しいロボット犬　　 /RK-9 /は非常にうまく受け入れられている/

by busy business people and retired individuals.//
忙しい会社員たちや引退した人たちによって。　　//

With its success,/the company's revenue almost doubled/last year.//
この成功で　　　　 /この会社の収入は約2倍になった　　　 /昨年。 //

Starting next year,/ANtech's user-friendly product design is expected/
来年からは、　　　 /ANtech社の使いやすい製品デザインは期待される/

to incorporate/Dino's artificial intelligence technology.//
取り込むことを　 /Dino社の人工知能技術を。　　//

［設問・選択肢の訳と正解］

7. What is indicated/about Dino?//
何が示されているか　　 /Dino社について。//

(A) It has been making/frequent acquisitions.//
続けてきている　　　 /頻繁な買収を。　//

(B) It operates/in the same country/as ANtech.//
操業している /同じ国で　　　　　 /ANtech社と。 //

(C) It manufactured/industrial robots/in the past.//
製造した　　 /工業用ロボットを　 /過去に。　//

(D) It agrees with/a change/in management.//
同意する　　 /変更を　 /経営の。　//

正解：(A)
この買収はDino社にとって今年3度目で、CEOが買収は企業戦略だと言っている。

8. What is NOT mentioned/about ANtech?//
何が述べられていないか   /ANtech社について。//

(A) Its CEO has traveled abroad/recently.//
CEOは海外に出かけた   /最近。   //

(B) Its robotic technology is used/in home electronics.//
ロボット技術が使われている   /家電製品に。   //

(C) Its products are popular/among business people.//
製品は人気だ   /会社員の間で。   //

(D) Its sales have declined/recently.//
売り上げが減少している   /最近。 //

正解：(D)
この会社の収入は昨年約2倍になったとある。

- -

9. According to the article,/what will most likely happen/next year?//
記事によると、   /何がおそらく起こるか   /来年。   //

(A) Dino will be/under new management.//
Dino社はなる   /新しい経営陣下に。   //

(B) ANtech will relocate/its headquarters.//
ANtech社は移転する   /本社を。   //

(C) A new product will be developed.//
新製品が開発される。   //

(D) Reviews will be posted/online.//
レビューが投稿される   /オンラインに。//

正解：(C)
来年から、2社の技術が組み合わさることが期待されているとあるので、2社の
技術を合わせた新製品が開発されると推測できる。

- -

[内容確認問題の正解]　1. T　　2. F　　3. T

> ☑ **チェックポイント**
> ・TVニュースのようなビジュアル化はできましたか。

```
EXERCISE 4
```
🔊 065

目標タイム：本文1分30秒＋設問1分30秒＝3分

語注：□ set up　設営する　□ ongoing　現在進行中の

Questions 10-12 refer to the following notice.

Special Event

We are excited to announce that Circus Orchid will be performing in our city for the first time at Willard Park. The Big Tent will be set up in Parking Lot B, conveniently located on the corner of Davidson Street and Hillside Street. Join us in celebrating Circus Orchid's 30th anniversary show, from August 1 to August 10, with amazing renowned performers! During this time, visitors will be asked to park at either Parking Lot A or Parking Lot C as Parking Lot D has been closed for the ongoing gymnasium construction. We apologize for the inconvenience.

Residents will be eligible for a $10 discount per ticket to view the mega-hit production. Tickets are on sale in the Park Management Office. You must present a valid ID confirming your residency in order to make your purchase at the discounted rate. The performance schedule can be found on the Circus Orchid Web site. Please note that there will be a free interactive pre-show starting 30 minutes before the main performance. Don't miss this great opportunity to meet the cast and see a memorable performance!

Park Management Office
City of Port Beach

10. What is the main purpose of the notice?
(A) To advise constructors of a new location
(B) To introduce circus performers to an audience
(C) To confirm ticket revenues to management
(D) To inform visitors of temporary changes

11. Which Parking Lot is currently closed?
(A) Parking Lot A
(B) Parking Lot B
(C) Parking Lot C
(D) Parking Lot D

12. What have residents been asked to do to purchase discounted tickets?
(A) Visit the park gymnasium
(B) Show a proof of residence
(C) Check Circus Orchid Web site
(D) Join an interactive program

内容確認問題

英文の内容と一致していたらTに、一致していなければFに○を付けましょう。

1．Circus Orchidの公演中は公園の駐車場は使えない。　　　　T / F

2．公演スケジュールは公園事務所に掲示している。　　　　　T / F

3．本公演前のパフォーマンスはPort Beach市民だけが参加できる。　T / F

［訳例］

Questions 10-12/refer/to the following notice.//
問題10-12は　　　　　/参照する/次の告知を。　　　　　　//

Special Event
特別行事

We are excited to announce/that Circus Orchid will be performing/
　　　　　　　　　　　　　　　/Circus Orchidが公演を行う/

in our city/for the first time/at Willard Park.//
私たちの市では/初めて　　　　/Willard Parkで。　　　//

The Big Tent will be set up/in Parking Lot B,/
Big Tentが設営される　　　　/駐車場Bに、/

conveniently located on the corner/of Davidson Street and Hillside Street.//
便利な角にある　　　　　　　　　　/Davidson StreetとHillside Streetの。　　//

Join us/in celebrating/Circus Orchid's 30th anniversary show,/
参加しよう/お祝いに　　/Circus Orchidの30周年記念公演の、/

from August 1 to August 10,/with amazing renowned performers!//
August 1〜August 10、　　　　/素晴らしい有名なパフォーマーたちと!　　//

During this time,/visitors will be asked/to park/
この期間中、　　/来園者は依頼される　　/駐車することを/

at either Parking Lot A or Parking Lot C/as/Parking Lot D has been closed/
駐車場AかCかのどちらかに　　　　　　　/〜なので→/駐車場Dは閉鎖されている/

for the ongoing gymnasium construction.//
現在進行中の体育館工事のために。　　　//

We apologize for the inconvenience.//
　　　　　　　　　　inconvenience　//

192

Residents will be eligible/for a \$10 discount/per ticket/
住民は資格が与えられる /\$10の割引の /チケットごとに/

to view the mega-hit production.//
メガヒット作品を見るための。 //

Tickets are on sale/in the Park Management Office.//
チケットは発売中だ /公園管理事務所で。 //

You must present/a valid ID/confirming your residency/
あなたは提示が必要だ /有効な身分証明書の/居住を確認する/

in order to make your purchase/at the discounted rate.//
購入するために /割引価格で。 //

The performance schedule can be found/on the Circus Orchid Web site.//
公演スケジュールは見つけられる /the Circus Orchidのウェブサイトで。 //

Please note/that there will be a free interactive pre-show/
Please /無料の参加型の前座がある/

starting 30 minutes before/the main performance.//
30分前に始まる /本公演の。 //

Don't miss/this great opportunity/to meet the cast/
見逃さないで /この素晴らしい機会を /出演者と会う/

and see a memorable performance!//
そして忘れられない公演を見る! //

Park Management Office
公園事務所

City of Port Beach

[設問・選択肢の訳と正解]

10. What is one purpose/of the notice?//
目的の1つは何か　　　　/この告知の。　　　//

(A) To advise/constructors/of a new location
アドバイスすること/工事関係者に /新しい場所を

(B) To introduce/circus performers/to an audience
紹介すること　　　/サーカスのパフォーマーたちを /観衆に

(C) To confirm/ticket revenues/to management
確認すること　　/チケットの収益を　/経営陣へ

(D) To inform visitors/of temporary changes
訪問者たちに知らせること /一時的な変更を

正解：(D)
サーカスの公演期間中、使用できる駐車場が限定されるとある。

----

11. Which Parking Lot is currently closed?
どの駐車場が現在閉鎖しているか。

(A) Parking Lot A
(B) Parking Lot B
(C) Parking Lot C
(D) Parking Lot D

正解：(D)
現在行われている体育館工事のために、駐車場Dが閉鎖されているとある。

----

12. What have residents been asked/to do/
何を住民は頼まれているか　　　　　　　　　/することを /

to purchase discounted tickets?//
割引チケットを購入するために。　　　//

(A) Visit/the park gymnasium
訪ねる /公園の体育館を

(B) Show/a proof of residence
提示する /居住の証拠を

(C) Check/Circus Orchid Web site
確認する /Circus Orchidのウェブサイトを

(D) Join/an interactive program
参加する /参加型プログラムに

正解：(B)

住民限定の割引チケットの購入には居住を確認できる身分証明書の提示が必要とある。

- -

[**内容確認問題の正解**]　1. F　　2. F　　3. F

☑ **チェックポイント**
・未来の予定と現在のことを時系列に整理しながら読めましたか。

目標タイム：本文1分30秒＋設問1分30秒＝3分

語注：□ summary　概要、要約　□ access ～を入手する
　　　□ on one's behalf　～に代わって　□ average to ~　平均すると～に達する
　　　□ numerous　多数の　□ limited time　期間限定の

Questions 13-15 refer to the following letter.

August 15

Hannah Kim
1111 South 35th St.
New York, New York 10001

Dear Hannah Kim,

Thank you for being a loyal member of Opal Sky Airlines. Here is
your Frequent Flyer Rewards summary as of August 12.

Available mileage points:　**12,240**

Since you have just marked your five-year anniversary with us,
you now qualify for a Platinum Opal Sky Credit Card! This card
offers much more than just rewards. It also offers complimentary
concierge service to arrange your personalized tours. Whether for
business travel or vacation, our concierge can access the greatest
discounts and special benefits available on your behalf.

In addition, every dollar purchase you make with the credit card
entitles you to 5 points. That averages to about two times more than
other airlines! We also have numerous store partners around the
world where you can earn double points. Please refer to the booklet
enclosed and take a look at the list of our partners.

Don't miss this limited time offer to get extra points. Apply for the Platinum Opal Sky Credit Card by September 10 by mailing back the application form and receive 8,000 miles on your account!

Rewards Program Team
Opal Sky Airlines

13. What is the main purpose of the letter?
(A) To report upcoming changes
(B) To promote a new event
(C) To inform of a special offer
(D) To confirm some policies

14. What is true about Platinum Opal Sky Credit Card holders?
(A) They are eligible for complimentary meals at restaurants.
(B) They receive a special coupon booklet every year.
(C) They get extra points at the time of their card renewal.
(D) They can have their trips arranged at special rates.

15. What most likely will happen after September 10?
(A) Membership guidelines will be updated.
(B) A special campaign will come to an end.
(C) Some of Ms. Kim's mileage points will expire.
(D) New Opal Sky Airlines flights will become available.

内容確認問題

英文の内容と一致していたらTに、一致していなければFに〇を付けましょう。

1. 手紙の受け取り手はコンシェルジュサービスを利用したことがある。　　T / F
2. Platinum Opal Sky Credit Cardを保有できるのは限られた人だけだ。

　　　　　　　　　　　　　　　　　　　　　　　　　　　　　　　　　T / F

3. 手紙には新しいカードが同封されている。　　　　　　　　　　　　　T / F

[訳例]

Questions 13-15/refer/to the following letter.//
問題13-15は　　　　　　/参照する/次の手紙を。　　　　　//

August 15

Hannah Kim
1111 South 35th St.
New York, New York 10001

Dear Hannah Kim,

Thank you/for being a loyal member/of Opal Sky Airlines.//
　　　　　/忠実な会員でいてくれることに　　　/Opal Sky Airlinesの。　　　//

Here is your Frequent Flyer Rewards summary/as of August 12.//
こちらがあなたの Frequent Flyer Rewardsの利用概要だ　　　　　/August 12現在の.　　//

Available mileage points: 12,240
利用可能マイルポイント：12,240

Since you have just marked/your five-year anniversary/with us,/
あなたはちょうど記録したので　　/あなたの５周年記念を　　　　/私たちとの、/

you now qualify/for a Platinum Opal Sky Credit Card!//
あなたは今回資格を得た /Platinum Opal Sky Credit Cardの! 　　　//

This card offers/much more than/just rewards.//
このカードは提供する　/より以上のものを→　　/単なるポイント。　//

It also offers/complimentary concierge service/to arrange/
またこのカードは提供する/無料のコンシェルジュサービスを　　　/手配するための/

your personalized tours.//
あなたの個人旅行を。//

Whether for business travel or vacation,/our concierge can access/
出張のためでも休暇のためでも、　　　　　/私たちのコンシェルジュは入手できる/

the greatest discounts and special benefits/available/on your behalf.//
最高の割引や特別な恩恵を　　　　　　　/利用可能な/あなたに代わって。//

In addition,/every dollar purchase/you make with the credit card/
加えて、　/1ドルの買い物ごとに　/（which）あなたがこのクレジットカードでする/

entitles you/to 5 points.//
あなたに権利を与える/5ポイントの。//

That averages/to about two times more/than other airlines!//
それは平均すると達する/ほぼ2倍以上に　　/他の航空会社よりも!　//

We also have/numerous store partners/around the world/
また私たちは有している/多数の提携店を　　/世界中に/

where you can earn/double points.//
そこであなたが稼げる　/2倍のポイントを。//

Please refer/to the booklet enclosed/and take a look/at the list/
参照してください/同封した冊子を　/そして/目を通してください/リストに/

of our partners.//
私たちの提携先の。//

Don't miss/this limited time offer/to get extra points.//
見逃さないで　/この期間限定の提供を　/追加のポイントを得るための。//

Apply/for the Platinum Opal Sky Credit Card/by September 10/
申し込んでください/Platinum Opal Sky Credit Cardに　/September 10までに/

by mailing back/the application form/and receive/8,000 miles/
返送することで　/申込書を　/そして受け取ろう/8000マイルを/

on your account!//
あなたの口座に!//

Rewards Program Team
特典プログラムチーム

Opal Sky Airlines

199

[設問・選択肢の訳と正解]

13. What is the main purpose/of the letter?//
何が主な目的か　　　　　　　　/この手紙の。　　//

(A) To report/upcoming changes
報告すること /近々ある変更を

(B) To promote/a new event
宣伝すること　　/新しいイベントを

(C) To inform/of a special offer
伝えること　　/特別な提供を

(D) To confirm/some policies
確認すること　　/いくつかの方針を

正解：(C)
特別なカード会員になれる資格を得る条件が満たされたことと、その特別なカードの特典が説明されており、最後ではカードの申し込みを促している。

---

14. What is true/about Platinum Opal Sky Credit Card holders?//
何が本当か　　　　/Platinum Opal Sky Credit Card保有者について。　　　　//

(A) They are eligible/for complimentary meals/at restaurants.//
彼らは資格がある　　　　/無料の食事の　　　　　　　/レストランでの。　//

(B) They receive/a special coupon booklet/every year.//
彼らは受け取る　/特別なクーポン冊子を　　　/毎年。　//

(C) They get/extra points/at the time of/their card renewal.//
彼らは得る　/追加のポイントを/のときに→　　/カードの更新。　//

(D) They can have their trips arranged/at special rates.//
彼らは旅の手配をしてもらえる　　　　/特別価格で。//

正解：(D)
カードの保有者はコンシェルジュサービスを使って特別割引の旅の手配をしてもらえるとある。(D)はhave + 目的語+過去分詞で「目的語を〜してもらう」。

---

15. What most likely will happen/after September 10?//
何がおそらく起こる　　　　　　/September 10の後。　//

(A) Membership guidelines/will be updated.//
会員のガイドラインが　　　/更新される。　//

(B) A special campaign/will come to an end.//
特別キャンペーンが　　　/終了する。　//

(C) Some of Ms. Kim's mileage points/will expire.//
いくらかのMs. Kimのマイルポイントが　　/期限切れになる。//

200

(D) New Opal Sky Airlines flights/will become available.//
　　新しいOpal Sky Airlinesの便が　　　　　/利用可能になる。　　　　　　//

正解：(B)

9月10日までに申込書を返送して、8000マイルを受け取りましょうとある。

- -

[**内容確認問題の正解**]　1. F　　2. T　　3. F

☑ **チェックポイント**
・手紙に書かれた複数の情報を整理しながら読めましたか。

目標タイム：本文1分30秒＋設問1分30秒＝3分

Questions 16 -18 refer to the following text-message chain.

Celeste Hall (4:56 P.M.)
I'm about to leave the office for a dentist appointment. How are we doing with the report?

Lydia Perry (4:56 P.M.)
We're almost done, but the graph needs to be modified. Garry needs to update the revenue data so we can create an up-to-date graph. I think he's working on it now.

Garry Long (5:00 P.M.)
Actually, I looked at the data I have on my computer and it doesn't seem right. The numbers for April and May seem incorrect, so I've contacted Steven about it.

Lydia Perry (5:01 P.M.)
Why did you ask Steven? Sarah's the one that exports the revenue information from our system now. She took over Steven's position three months ago.

Garry Long (5:02 P.M.)
I completely forgot about that. Let me call Sarah right now. We need the data within half an hour so we can send off the report to Mike by 6:00.

Steven Nelson (5:04 P.M.)
Sorry for the wait. I wanted to help and I finally got a chance to talk to Sarah. She's sending the most recent file to Garry right now.

Celeste Hall (5:08 P.M.)
Thanks, Steven! Garry, can you finish the report for us? I'm off now, so text me if you need anything.

---

16. What are the writers mainly discussing?
(A) A change in schedule
(B) Some new projects
(C) Progress on a task
(D) Revenue in April

17. What is suggested about Steven Nelson?
(A) He is a data analyst.
(B) He cannot find Sarah.
(C) He sent an e-mail to Garry.
(D) He has changed roles.

18. At 5:08 P.M., what does Celeste Hall most likely mean when she writes "I'm off"?
(A) She is going to a dentist.
(B) She made a mistake.
(C) She was removed from the team.
(D) She has performed inadequately.

内容確認問題

英文の内容と一致していたらTに、一致していなければFに〇を付けましょう。
1. Celeste Hallは顧客に会うために出掛ける。　　　T / F
2. Garry Longは連絡すべき相手を知らなかった。　　T / F
3. 報告書はおそらく今日中に提出されるだろう。　　T / F

［訳例］

Questions 16-18/refer/to the following text-message chain.//
問題16-18は　　　/参照する/次のテキストメッセージチェーンを。　　//

Celeste Hall (4:56 P.M.)
I'm about to leave/the office/for a dentist appointment.//
私は間もなく出る　　/オフィスを　/歯科の予約のために。　　//

How are we doing/with the report?//
どんな状態か　　　/報告書は。　　//

Lydia Perry (4:56 P.M.)
We're almost done,/but the graph needs/to be modified.//
私たちはほとんど終えている、/しかしグラフは必要だ　/修正が。　　//

Garry needs/to update the revenue data/so we can create/
Garryは必要としている/収益データを更新することを　/そうすれば私たちは作成できる/

203

an up-to-date graph.//
最新のグラフを。　　　　//

I think/he's working on it/now.//
私は思う　/彼はそれに取り組み中だと /今。　　//

Garry Long (5:00 P.M.)

Actually,/I looked at the data/I have on my computer/
実は、　　/私はデータを見た　　　/（which）私のPCにある/

and it doesn't seem right.//
そしてそれは正しくないようだ。　　//

The numbers for April and May/seem incorrect,/so/I've contacted Steven/
AprilとMayの数字が　　　　　　　/正しくないようだ、　/なので/Stevenに連絡した/

about it.//
それについて。//

Lydia Perry (5:01 P.M.)

Why did you ask Steven?//
なぜ尋ねたのStevenに。　　　//

Sarah's the one/that exports the revenue information/from our system/now.//
Sarahがその人だ　/収益情報を出力する　　　　　　　　/私たちのシステムから /現在は。//

She took over/Steven's position/three months ago.//
彼女は引き継いだ　/Stevenの仕事を　/３カ月前に。　　//

Garry Long (5:02 P.M.)

I completely forgot about that.//
私は完全に忘れていたそのことを。　　//

Let me call/Sarah/right now.//
電話させて　/Sarahに /今すぐ。　　//

We need the data/within half an hour/so we can send off the report/to Mike/
データが必要だ　　　/半時間以内に　　　/そうすれば報告書を送れる　　/Mikeに/

by 6:00.//
6:00までに。//

Steven Nelson (5:04 P.M.)

Sorry for the wait.//
Sorry for the wait.　　//

I wanted to help/and I finally got a chance/to talk to Sarah.//
私は手伝いたかった　/そしてようやく機会を得た　/Sarahと話す。　　//

She's sending/the most recent file/to Garry/right now.//
彼女は送る　　　/最新のファイルを　　/Garryに /すぐに。　　//

204

Celeste Hall (5:08 P.M.)

Thanks, Steven! / Garry, / can you finish the report / for us? //
Thanks, Steven!　/Garry、　/報告書を終わらせられるか　　/私たちのために。//

I'm off now, / so text me / if you need anything. //
私はもう職場を離れている、/なのでテキストメッセージを送って/もし何か必要なら。//

［設問・選択肢の訳と正解］

16. What are / the writers / mainly discussing? //
　　　何を　　/書き手たちは　/主に議論しているか。　　//

　　(A) A change in schedule　(C) Progress on a task
　　　　スケジュールの変更　　　　仕事の進み具合

　　(B) Some new projects　　(D) Revenue in April
　　　　いくつかの新しい事業　　　Aprilの収益

正解：(C)

このチャットは、Celeste Hallが報告書への取り組み具合を尋ねたのが始まりだ。

----

17. What is suggested / about Steven Nelson? //
　　　何が分かるか　　　　　　/Steven Nelsonについて。　//

　　(A) He is a data analyst. //　　(C) He sent an e-mail / to Garry.
　　　　彼はデータ分析者だ。　//　　　　彼はメールを送った　/Garryに。//

　　(B) He cannot find / Sarah. //　(D) He has changed / roles. //
　　　　彼は見つけられない　/Sarahを。//　彼は変更した　/役割を。//

正解：(D)

収益データを出力する役割をSarahがStevenから引き継いだと、Lydia Perryが
午後5時1分に書いている。

----

18. At 5:08 P.M., / what does Celeste Hall most likely mean /
　　　5:08 P.M.に　/Celeste Hallは何を意味したと考えられるか/

when she writes / "I'm off"? //
彼女が書いたとき　/"I'm off"と。//

　　(A) She is going to a dentist. //　(C) She was removed / from the team. //
　　　　彼女は歯科に向かっている。//　　彼女は抜けた　/チームから。//

　　(B) She made a mistake. //　　　(D) She has performed inadequately. //
　　　　彼女は失敗をした。//　　　　　彼女は十分に働いていない。//

正解：(A)

Celeste Hallは午後5時8分の発言で「もう職場を離れている」と書いているので、
歯科に向かっていると推測できる。

［内容確認問題の正解］　1. F　　2. F　　3. T

☑ チェックポイント
・定番表現を１つの固まりとして、日本語に訳さずにイメージで捉えられましたか。

EXERCISE 7　　　　　🔊 068　　🔊 069

目標タイム：本文2分＋設問1分30秒＝3分30秒

語注：□ decade　10年　□ illustrated　図解入りの　□ encourage　〜を勧める
　　　□ engaging　魅の力ある　□ motivational　やる気を起こさせる
　　　□ location　支店　□ honor　名誉　□ giveaway　景品の贈呈

Questions 19–21 refer to the following advertisement and article.

Kyle Walker's
Talk and Book Signing Session

Sunday, February 21 from 1 P.M. to 3 P.M.
at Bentley Bookstore

Come meet Kyle Walker, a local author in Oakland. After traveling around the world as a journalist for over two decades, he started his career as a writer and novelist in 2010. He will give a talk about his recently published book, *Working Toward Success*. It is an illustrated, informational book with tips and advice on how to actively communicate with others and achieve your goals.

On the day of the talk, visitors will receive a 10 percent discount on any of Walker's books. Those who own books written by the author are encouraged to bring them and get them signed. Don't miss this engaging event!

Successful Book Signing Event
by Kyle Walker

By Angelo Kim (the 25 February)

Kyle Walker, a successful former journalist and a popular novelist, has recently published a motivational self-improvement book, *Working Toward Success*. It is his first self-improvement book and it talks about skill-development, focusing on building long-lasting personal relationships. To celebrate his new publication, he started his book tour around the nation on Sunday at Bentley Bookstore in Oakland.

The manager, Pam Yee said, "I first met Kyle in Chicago in 2000 while I was working part time at the Bentley location there. It was an honor to host him as a manager this time. I think the event was a great success! We did a giveaway for the person who traveled the farthest distance to attend. The guest was from Korea!"

19. What is mentioned about Mr. Walker?
(A) He is currently living abroad.
(B) He has been on a book tour before.
(C) He published multiple books this year.
(D) He included illustrations in his new book.

20. What is implied about Mr. Walker's book tour?
(A) It was popular in Chicago.
(B) It was broadcast on TV.
(C) It started in Mr. Walker's hometown.
(D) It was organized by Mr. Walker.

21. What is suggested about Bentley Bookstore?
(A) It has stores in multiple locations.
(B) It has been in operation for two years.
(C) It regularly provides a 10 percent discount.
(D) It is organizing another book signing event.

内容確認問題

英文の内容と一致していたらTに、一致しなければFに〇を付けましょう。

１. 著者のサインをもらえるのは指定の書店で本を購入した人だけだ。　　T / F

２. Kyle WalkerとPam Yeeは学生時代に知り合った。　　T / F

３. Kyle Walkerの読者は国外にもいる。　　T / F

［訳例］

Questions 19-21/refer/to the following advertisement and article.//
問題19-21は　　　　/参照する/次の広告と記事を。　　　　　　　　　//

（広告）

Kyle Walker's Talk and Book Signing Session
Kyle Walkerのトークとサイン会

Sunday, February 21 from 1 P.M. to 3 P.M. at Bentley Bookstore
Sunday、February 21 from 1 P.M. 〜 3 P.M.　Bentley Bookstoreにて

Come meet/Kyle Walker,/a local author/in Oakland.//
会いに来てください/Kyle Walkerに、　/地元の作家　　　/Oaklandの。　//

After traveling around the world/as a journalist/for over two decades,/
世界中を回る旅の後で　　　　　　　　/ジャーナリストとして /20年間以上に渡って、/

he started/his career/as a writer and novelist/in 2010.//
彼は始めた　　/彼のキャリアを /ライターと小説家として　　/2010年に。//

He will give a talk/
彼はトークをする/

about his recently published book, *Working Toward Success*.//
彼の最近出版した本Working Toward Successについて。　　　　　//

It is an illustrated, informational book/with tips and advice/on how/
それは図解入りの、情報の本だ　　　　　　/ヒントとアドバイスの入った　/方法について/

to actively communicate/with others/and achieve your goals.//
積極的にコミュニケーションを取るための/ほかの人たちと /また目標に到達するための。　//

On the day of the talk,/visitors will receive/a 10 percent discount/
トークの当日、　　　　/来場者は受ける　　　　/10%引きを /

on any of Walker's books.//
Walkerのどの書籍についても。　　//

Those who own books/written by the author/are encouraged/
書籍を持っている人たち　　/この作者によって書かれた　/は勧められる /

to bring them/and/get them signed.//
それらを持参することを /そして /それらにサインしてもらうことを。//

Don't miss/this engaging event!//
逃さないで　　/この魅力あるイベントを! //

（記事）
Successful Book Signing Event/by Kyle Walker
盛況な著作サイン会　　　　　　　/Kyle Walkerによる

By Angelo Kim (the 25 February)
文責：Angelo Kim　（the 25 February）

Kyle Walker,/a successful former journalist/and/a popular novelist,/
Kyle Walker、　/成功したジャーナリストであり　/そして /人気小説家、/

has recently published/
は最近出版した /

a motivational self-improvement book, *Working Toward Success*.//
やる気を起こさせる自己啓発本Working Toward Successを。　　　　　//

It is his first self-improvement book/
それは彼の初の自己啓発本だ /

and it talks about skill-development,/focusing/
そして能力開発について述べている、　　/焦点を当てながら /

on building long-lasting personal relationships.//
長続きする個人的な信頼関係の構築に。　　　　　//

To celebrate/his new publication,/he started his book tour/
祝うために /彼の新しい出版を、　/彼はブックツアーを開始した /

around the nation/on Sunday/at Bentley Bookstore/in Oakland.//
国内を回る　　/日曜に　/Bentley Bookstoreで　/Oaklandの。　//

The manager, /Pam Yee said, / "I first met Kyle /in Chicago /in 2000 /
店長の、　　　　/Pam Yee は言った、/「私は初めてKyleに会った /Chicagoで　　　/2000年に /

while I was working part time /at the Bentley location /there. //
私がパートタイムで働いていた時期に　　　/Bentleyの支店で　　　　　/そこの。//

It was an honor /to host him /as a manager /this time. //
光栄だった　　　　　/彼を迎えることは /店長として　　　　/今回。　　//

I think /the event was a great success! //
私は思う→/イベントは大成功だった！　　　//

We did a giveaway /for the person /who traveled the farthest distance /
私たちは景品の贈呈を行った /とある人に　　　/その人は最も遠距離を旅した /

to attend.
参加するために。

The guest was from Korea!" //
その客は韓国から来た！」　　//

[設問・選択肢の訳と正解]

19. What is mentioned /about Mr. Walker? //
　　　　何が述べられているか　　　　/Mr. Walker について。　　//

　(A) He is currently living /abroad. //
　　　彼は現在住んでいる　　　　/海外に。　//

　(B) He has been on a book tour /before. //
　　　彼はブックツアーの最中だった　　　　/以前。　//

　(C) He published multiple books /this year. //
　　　彼は複数の本を出版した　　　　/今年。　　//

　(D) He included illustrations /in his new book. //
　　　彼は図を含めた　　　　　　/彼の新刊に。　　//

正解：(D)

広告に、新しい本は図解入りとある。

20. What is implied/about Mr. Walker's book tour?//
何が示唆されているか　/Mr. Walker のブックツアーについて。　//

(A) It was popular/in Chicago.//
ツアーは人気だった　/Chicago で。　//

(B) It was broadcast/on TV.//
ツアーは放送された　/TV で。　//

(C) It started/in Mr. Walker's hometown.//
ツアーは始まった /Mr. Walker の地元から。　//

(D) It was organized/by Mr. Walker.//
ツアーは企画された　/Mr. Walker によって。//

正解：(C)
広告に、Mr. Walker は Oakland の地元の作家だと紹介があり、記事には
Oakland がブックツアーのスタートだとある。

- -

21. What is suggested/about Bentley Bookstore?//
何が示唆されているか　　/Bentley Bookstore について。　//

(A) It has stores/in multiple locations.//
複数の店舗がある　/複数の場所に。　//

(B) It has been in operation/for two years.//
営業されてきた　　　　/2年間。　//

(C) It regularly provides/a 10 percent discount.//
定期的に提供している　/10％引きを。　//

(D) It is organizing/another book signing event.//
企画している　/ほかの本のサイン会を。　//

正解：(A)
今回サイン会を行ったのは Oakland の店舗だが、店長の Pam Yee はシカゴの支
店で働いたことがあると記事に書かれている。

- -

［内容確認問題の正解］　1. F　　2. F　　3. T

☑チェックポイント
・2つのパッセージに関連する情報を探しながら読めましたか。
※文中のイタリック体は書籍のタイトルです。

次は読解速度を再度測定して、トレーニングの成果を確認しましょう。

終章

学習の終わりに

自分の英文読解速度を再度測定して、
学習の成果を確認しましょう。

読解速度をもう一度測定してみよう

学習を終えた時点で、Part 7 に登場するような文書を自分がどのくらいの時間をかけて、どのように読めるようになったのか、次ページの文書で確認してみましょう。

事前準備

・本書、スマートフォンのストップウオッチ（など時間を計測できるもの）、電卓を用意する。
・知らない単語や表現の数に左右されない読解速度を測定したいので、事前に語注を確認し、知らなかった表現を覚えてから読み始める。

測定手順

① ストップウオッチをスタートし、内容を理解しながら英文を読む。
② 最後まで読み終わったら、ストップウオッチを止めて、かかった時間を記録する。
③ p. 215 にある内容確認問題に取り組んで内容の理解度をチェック。
④ ②で計った時間を下記の計算式に入れて読解速度（wpm）を算出する。

計算式

① かかった時間を秒に直します。例えば1分15秒かかった場合は75秒となります。
② 今回読む英文の単語数は120 wordsなので、計算式は

　　　120÷かかった時間（秒）×60
　　　となります。例えば75秒（1分15秒）かかった人は、
　　　120÷75×60 ＝ 96wpmです。

測定開始

語注に目を通してから測定してみましょう。

語注：□ Family Empowerment Committee　従業員家族支援委員会

ストップウオッチをスタートして、次の告知の破線で囲まれた部分を読んでください。

Join the Fun!

ここから
⬇

We are excited to announce that we are having another Family Gathering Day this summer. Many people had a great time at the event last fall. All employees are invited to bring your family and friends for a summer get-together. The event will take place on Friday, August 2 from 1:00 P.M. to 5:00 P.M. at the headquarters, which happens to be right before our Movie Night Event. You may choose to attend both events. Free hamburgers, hot dogs and pizzas will be served at the North Parking Lot and complimentary beverages will be available in the recreation room. The Family Empowerment Committee will be sending out an e-mail later this week with more information. For now, mark your calendars!

ここまで（120 words）

かかった時間　　　分　　　秒

内容確認問題

英文の内容と一致していたら T に、一致していなければ F に〇を付けましょう。

1. このイベントは初めて開催される。　　　　　　　　　　　T / F
2. イベントの参加者は無料で飲食ができる。　　　　　　　　T / F
3. イベントの会場は会社の敷地の中だ。　　　　　　　　　　T / F

正解：1. F 2. T 3. T

内容は正しく理解できていましたか。では読解速度を計算しましょう。

あなたのwpm

120÷(かかった時間：秒)×60＝＿＿＿＿＿＿　wpm

序章で測定した速度と比べてみてどうだったでしょうか。
本書でご紹介したさまざまなトレーニングは、繰り返し実践することで、より効果が増してきます。
これからも、英語の長文を読む際には、この本で学んだトレーニング思い出して、一直線読みを心掛けてください。
※測定に使用した文書全体の訳例はp. 218に掲載しています。

この後は、本番のTOEIC Part 7の半分のサイズ (27問) の模試で総仕上げです。

序章、終章の英文と訳例

※以下の英文では、主語と主動詞を明確にするために、主語と動詞の間の挿入句と、主語を先行詞とする関係詞句には破線を引いています。
※固有名詞や、Thank youなどの定番表現は、訳さず英語のまま、あるいは第4章で紹介したアイコンを表示しています。

序章の英文と訳例

Thank you/for joining/our academic community/for professors/
Thank you　　　/加入してくれて/私たちの学会に　　　　　　　/大学の教員向けの/

which has been growing rapidly/since we established/
この学会は急激に成長してきた　　　　　/設立して以来/

our organization/three years ago.//
組織を　　　　　/3年前に。　　//

Please find/
見てください/

enclosed your membership card and temporary password/
同封されたあなたの会員カードと仮のパスワードを/

along with our quarterly magazine.//
私たちの季刊誌と一緒にある。　　　　　//

We ask/that you log in to our Web site/at your earliest convenience/
私たちはお願いする/私たちのウェブサイトにログインすることを/都合が付き次第/

in order to take full advantage/of our services.//
すべて活用するために　　　　　　/私たちのサービスを。//

As you may be aware,/new members may attend conferences/
ご承知の通り　　　　　　/新会員は会議に参加が許される/

for free/for the first six months/ after joining our community.//
無料で　/最初の6カ月間　　　　/私たちの学会に加入後。　　//

It is essential/that you pre-register online/
不可欠だ　　/オンラインで事前登録することが/

in order to take advantage/of this system.//
活用するために　　　　　/このシステムを。//

Our next conference will be held/from Thursday, March 20/
次の会議は開催される　　　　　　　　　　　　/Thursday、March 20から/

in Anaheim.//
Anaheimで。　　//

Please refer to/our Web site/for more information.//
参照してください　/私たちのウェブサイトを/さらなる情報のために。　　//

We hope to see you there!

終章

（）070

※トラック（）070 に、以下の文書を約120 wpmで読んだ音声を収録してあります。「脳内音読」のトレーニングに活用してください。

Join the Fun!
一緒に楽しもう！

We are excited to announce/

that we are having another Family Gathering Day/this summer.//
またFamily Gathering Dayを開く　　　　　　　　　　　　/この夏。　　//

Many people had a great time/at the event/last fall.//
沢山の人たちが楽しんだ　　　　　/このイベントで　/去年の秋。　//

All employees/are invited/to bring your family and friends/
全従業員が　　/招待される　　/家族をまたは友だちを連れて/

for a summer get-together.//
夏の懇親会に。　　　　　　//

The event will take place/
この行事は開催される/

on Friday, August 2 from 1:00 P.M. to 5:00 P.M./
Friday、August 2 、1:00 P.M.〜 5:00 P.M/

at the headquarters,/which happens/
本社で、　　　　　　　　/この行事が行われるのは/

to be right before our Movie Night Event.//
Movie Night Eventの直前だ。　　　　　　　　//

You may choose/to attend both events.//
あなたは選べる　　/両方の行事に参加することを。　//

218

Free hamburgers, hot dogs and pizzas will be served/
無料のハンバーガー、ホットドッグ、ピザが提供される/

at the North Parking Lot/
北駐車場で/

and/complimentary beverages will be available/
また/無料の飲み物がもらえる/

in the recreation room.//
レクリエーションルームで。　　//

The Family Empowerment Committee will be sending out an e-mail/
Family Empowerment委員会はメールを送る/

later this week/with more information.//
今週の後日に　　　/さらなる情報を載せて。　　//

For now,/mark your calendars!//
差し当たり、/予定に入れておいて!　　//

ハーフサイズ模試

TOEIC Part 7 の模試に挑戦してみましょう。
問題数は本番の半分の全27問。解答目標タイムは 25分です。
※問題文の訳例、解答・解説は p. 234 から掲載されています。

August 15

Lennox Parker
1980 King St.
Foster, RI 02825

Dear Mr. Parker,

Thank you for visiting our store location in Seattle on July 30. We appreciate your responding to the survey. We are pleased that you were satisfied with your experience because we pride ourselves in preparing the best drinks possible. We hope you redeemed the coupon for your free coffee or tea sent as a token of appreciation for your feedback. If you have not done so yet, please be reminded to get your free drink before the three-month expiration date.

Today, I'm writing to invite you to join our membership. By showing your membership card at any of our stores you visit, you will get a free drink for every $80 you spend. We also have partners around the world where you can enjoy their coffee, but still earn our membership points based on your spending.

You can join the program by mailing back the form enclosed. Alternatively, applying online is easy. Just follow the steps written on our Web site to create an account. As soon as you join the program, you are eligible for special discounts and other benefits for members. There is no application fee or annual fee. Why wait? We hope you see the value and choose to enjoy all of the benefits we have ready for you.

Enclosure

Rewards Program Team
Marco's Coffee and Tea

1. What is the main purpose of this letter?
(A) To report a problem
(B) To inform of a program
(C) To offer employment
(D) To review a document

2. What is Mr. Parker reminded to do?
(A) Receive a free drink
(B) Print out a coupon
(C) Respond to a survey
(D) Confirm his spending

3. What was most likely sent with the letter?
(A) A membership card
(B) A consumer report
(C) An updated invoice
(D) An application form

4. The word "see" in paragraph 3, line 5, is closest in meaning to
(A) visualize
(B) understand
(C) watch
(D) justify

Questions 5-8 refer to the following online chat discussion.

Sally Gonzalez [8:03 A.M.]
Hi, everyone. I came in early to set up the room but I can't get in. Why is the meeting room locked?

Elizabeth Gates [8:05 A.M.]
Didn't you read the e-mail about the new policy? The meeting rooms are automatically locked between 9 P.M. and 9 A.M.

Sally Gonzalez [8:06 A.M.]
Oh, no. I never use the meeting rooms out of work hours,
so I completely forgot. I heard the projector is having issues again.
I wanted to make sure my request to get it replaced with a new one went through.

Tina Wong [8:07 A.M.]
I heard that the facilities people fixed the projector, so it should be fine. I got the code from security to unlock the door. It's 5516. I'm on my way. Once we're in the room, we just have to arrange tables and chairs.

Casey Togo [8:25 A.M.]
Good morning, everyone. I'll be there in 5 minutes. I know we need to rush to set up the room in about 20 more minutes. Sorry I'm running late.

Elizabeth Gates [8:26 A.M.]
Hi, I just got to the office now. Traffic was terrible. I'll pick up the training booklets from your desk, Casey. Come directly to the meeting room. Everyone, the new employee training got pushed back 15 minutes, so don't worry. They won't come in until 9:10. The CEO is meeting them at 9:00 to give a short talk.

Casey Togo [8:32 A.M.]
Thanks, Elizabeth. I'm on the first floor. I'm coming upstairs now.

5. Why has Ms. Gonzalez arrived early?
(A) To prepare a venue
(B) To replace a projector
(C) To get some documents
(D) To unlock a door

6. What is suggested about the meeting room?
(A) It has been renovated.
(B) Multiple projectors are in the room.
(C) There is a new rule about its operation.
(D) Ms. Gonzalez has its key.

7. At 8:26 A.M., what does Ms. Gates most likely mean when she writes, "don't worry"?
(A) The meeting room is unlocked.
(B) Everyone got to the office.
(C) She made copies of the handout.
(D) They have time to arrange furniture.

8. What will happen at 9:00?
(A) Employees will receive handouts.
(B) Trainees will listen to an executive's speech.
(C) Meeting rooms will be booked.
(D) Ms. Wong will arrive at the office.

Questions 9-10 refer to the following advertisement.

PATTY'S FLOWERS

http://www.pattysflowers-bellemont.com
7273 Bellemont Street, Denver, CO 80033

My name is Patty and I have just opened a flower shop, located on the corner of Bellemont Street and Camera Avenue. I hope I can put smiles on people's faces with beautiful arrangements and bouquets. Whether it be for business or special occasions, I have flowers just for you!

As a store opening marketing campaign, I am sending out 30 free flower arrangements, which can be delivered anywhere within 10 kilometers of the store. The service will be offered completely free of charge, and no purchases are necessary. However, I do ask that you write a review about my services. Please visit my Web site for more information.

Patty Garcia, Store Owner

9. What is the purpose of this advertisement?
(A) To introduce a business
(B) To confirm a new policy
(C) To place an order for flowers
(D) To offer an apology

10. What has Ms. Garcia asked the readers to do?
(A) Check reviews
(B) Purchase flowers
(C) Visit a Web site
(D) Send an e-mail

Questions **11-14** refer to the following notice.

Notice for Village on Oak Residents

This notice is to inform you that OTAS Upgrades was chosen to carry out your community's renovation project. — [1] —. Work will begin on February 3. In the first two weeks, we will be replacing old water pipelines. Access will be needed to the water meter in the garage. Therefore, you will be asked to clear the floor around the water meter. — [2] —. Your cooperation will be greatly appreciated.

The schedule for each building will be indicated in a separate letter delivered next week. If you would like the work done on a particular date, we will do our best to accommodate your request. — [3] —. Please e-mail us at <scheduling@otasupgrades.com> with your name, phone number, building number, and preferred date. — [4] —.

We look forward to working with you on this project.

OTAS Upgrades

11. What is the main purpose of this notice?
(A) To inform of a new policy for residents
(B) To respond to complaints from neighbors
(C) To provide an updated quote for services
(D) To request cooperation from a community

12. What kind of company most likely is OTAS Upgrades?
(A) A construction company
(B) A design company
(C) A real estate company
(D) A housekeeping company

13. What have the residents been asked to do?
(A) Send a confirmation e-mail
(B) Limit the amount of water usage
(C) Make space in the garage
(D) Approve a request

14. In which of the positions marked [1], [2], [3], and [4] does the following sentence best belong?
"Additionally, water service will be turned off for approximately two hours."
(A) [1]
(B) [2]
(C) [3]
(D) [4]

Questions 15-17 refer to the following memo.

To: Staff Members
From: Kate Clifford
Date: May 19
Subject: Urgent matter

Dear Team Members,

Our weekly marketing e-mail was sent last night. There was a misprint regarding the Premier Sightseeing Tour, only offered to our frequent guests. The e-mail listed the discount as 2 percent instead of 20 percent. While we have already sent out a message to correct the mistake, not all of our customers may have read the second e-mail. If anyone shows you the 2 percent discount coupon, please notify them of the mistake and apply the proper discount.

E-mail recipients have also been notified of the change in our departure location. Please be reminded that until the construction is completed in the downtown area, buses will leave from Topanga Street rather than from Hill Street. No changes have been made to the tour schedules. Maps have been placed in your booths. Please hand them out to customers for their reference.

Thank you for your cooperation.

Kate Clifford
General Manager, Sunny Tours

15. For whom is the memo most likely intended?
(A) Department store clerks
(B) Charter bus drivers
(C) Private tour guides
(D) Ticket office workers

16. What is stated about the Premier Sightseeing Tour?
(A) It is being offered at a special rate.
(B) It is available to all customers.
(C) Its schedule has changed.
(D) Its departure location is on Hill Street.

17. What does Ms. Clifford ask the staff members to do?
(A) Send an updated e-mail to customers
(B) Notify bus drivers about a mistake
(C) Give maps to customers.
(D) Print out some special coupons

PACIFIC WINDS INC.
HR Training Manager Wanted

Are you experienced in designing training courses that match employees' learning needs?

Are you capable of developing strategic plans to help employees improve their performance?

If you are a motivated leader who has the skills and experience listed below, apply now!

· Minimum of 10 years of experience in corporate training
· Managerial experience working with a group of international staff
· Excellent verbal, written and interpersonal communication skills
· Good at analyzing and evaluating training programs
· Experience in the areas of computing and technology preferred

Apply using our online document by clicking HERE.

To: Staff Members
From: Andrew Baker
Date: March 9
Subject: Welcome party and talk with Rita Morris

I am excited to announce that Rita Morris has joined our team today as the HR training manager. Prior to joining our team, she worked at TY Inc. from 2005, where she provided various training programs for employees. She has extensive experience leading a diverse group of members in international offices. She was just the person we were looking for as we continue to expand our business globally.

From 12:00 to 1:30 next Monday, we will have a welcome luncheon followed by a brief staff meeting. You will have the opportunity to hear Rita speak about her wealth of experience and ask any questions you may have. Please arrive at the cafeteria between 12:00 and 12:10. I was informed by Rita that she plans to demonstrate a short team-building activity. Because she needs some space and time to set up, you may be asked to wait outside the cafeteria if you arrive early.

I have requested that our corporate photographer take photos of the event. You will be able to view the photos online later. Please refrain from using smartphones and taking photos during the team-building activities and discussions. See you there!

Best regards,
Andrew Baker
Director

18. According to the advertisement, what should candidates do?
(A) Send an e-mail
(B) Request information
(C) Fill out a form
(D) Make an inquiry

19. What is NOT a stated requirement for the job?
(A) Experience in corporate training
(B) Good communication skills
(C) Ability to evaluate training programs
(D) Experience in the technology field

20. What is mentioned about Ms. Morris?
(A) She has experience working with Mr. Baker.
(B) She has managed international staff members.
(C) She has a certificate in computer engineering.
(D) She has been interviewed on TV before.

21. What is suggested about Ms. Morris?
(A) She has over a decade of experience in training.
(B) She was interviewed multiple times by Mr. Baker.
(C) She is good at taking photographs in the workplace.
(D) She will be on an international business trip soon.

22. In the e-mail, the phrase "looking for" in paragraph 1, line 6, is closest in meaning to
(A) facing towards
(B) hoping for
(C) directing to
(D) planning on

ハーフサイズ模試

Queen Cruises

Limited Time Offer – Educational Program ($79)

Our favorite program is back again this year. Learn about the ocean's ecosystem with a biologist! Through this program only offered in July, discover what lies beneath the beautiful waters. A biologist on board will drag a net along the bottom of the sea. After lifting the net, passengers will learn about the variety of marine life found underneath the cruiser. All creatures will be returned back to the ocean promptly. *The program takes place on our dolphin–watching tour.

New Cruiser – Dolphin Watching ($46)

Join us for an exciting dolphin–watching excursion. Our cruise departs twice daily, in the morning and in the afternoon. We have a new boat built for luxury and speed. Join the adventure on our eco-friendly vessel! Our double–deck sightseeing cruiser is U.S. Coast Guard inspected and certified. It is safe and comfortable with plenty of seating and a viewing deck. Aside from dolphins, you will enjoy seeing many sea lions playing in the harbor, large cargo and container ships from all over the world, and much more! We will also provide lots of information about the history of the harbor.

Tickets are available through our Web site, our box office, tour companies, and major hotels.

Welcome to Queen Cruises

| Reviews | About Us | Tickets |

★★★★★ Great educational tour!

We joined the educational program. My friend gave me tickets as a birthday present, so I didn't know what to expect, but it was great! A biologist told us all about the many creatures we saw. It took him a while to locate some lobsters, but I learned a lot of interesting facts. I highly recommend this tour! The cruise ship was comfortable with a spacious interior. It was a bit cold, so after we heard the talk by the biologist, we went inside. I wish I'd taken a jacket. However, I was able to buy hot coffee and a sandwich at the snack bar and that warmed me up. Overall, it was a great and memorable experience!

Posted: October 10
- Annie White

Receipt # 41107160908

The receipt number will be needed if you have to contact customer service.

December 12
Received from Tom Ackerman
$144 payment to Queen Cruises
Description: Tickets for dolphin watching cruise on December 16 at 9 A.M.
Unit price: $36 (discounted rate) / Quantity: 4 Amount: $144

IMPORTANT
Bring this receipt with you on the day of your cruise. Please pick up your ticket at the box office by showing this receipt to our staff member.

41107160908

---

23. According to the advertisement, what is a biologist expected to do?
(A) Look for dolphins
(B) Give a talk to passengers
(C) Prepare a research report
(D) Sell cruise tickets

24. What is suggested about Ms. White?
(A) She wore a jacket during her cruise.
(B) She has been on a boat before.
(C) She went on a cruise in the summer.
(D) She purchased her own tickets.

25. What is NOT true about Queen Cruises?
(A) It sells food and drinks on the boat.
(B) It offers tickets at a special rate.
(C) It provides services on a newly built ship.
(D) It provides a tour once a day.

26. In the review, the word "locate" in paragraph 1, line 4, is closest in meaning to
(A) find
(B) notice
(C) establish
(D) survey

27. How will Mr. Ackerman obtain the tickets?
(A) By presenting a receipt
(B) By printing them out
(C) By paying with cash
(D) By visiting a hotel concierge

ハーフサイズ模試の訳例・解答・解説

ハーフサイズ模試の訳例、解答と解説です。スラッシュ入りの文書、設問、選択肢も掲載しているので、解き終わった後は再度問題文を読んで、解答根拠の確認もしましょう。

※定番表現の訳は省略しています。
※各文書の右肩に表示されているトラックにハーフサイズ模試の文書をおよそ120 wpmで読んだ音声が収録されています。「脳内音読」のトレーニングに活用してください。

Questions 1-4/refer/to the following letter.//
問題1-4は　　　　　/参照する/次の手紙を。　　　　　　//　　🔊 071

August 15

Lennox Parker
1980 King St.
Foster, RI 02825

Dear Mr. Parker,

Thank you/for visiting our store location/in Seattle/on July 30.//
Thank you　　　/私たちの店舗に訪問してくれて　　　/シアトルの　/July 30に。　　//

We appreciate/your responding/to the survey.//
We appreciate　　/あなたの返答に　　　　/アンケート調査への。//

We are pleased/that you were satisfied/with your experience/
We are pleased→　/あなたが満足した　　　　/あなたの経験に/

because/we pride ourselves/in preparing/the best drinks possible.//
なぜなら　/私たちは自分たちに誇りがあるから/用意することに　/できる限り最高の飲み物を。　//

① We hope/you redeemed the coupon/for your free coffee or tea/
　　We hope→ /あなたがクーポンを引き換えたことを　/無料のコーヒーかお茶に/

sent as a token of appreciation/for your feedback.//
感謝の証しとして送った　　　　　/あなたのフィードバックへの。//

If you have not done/so/yet,/please be reminded/
もししてないなら　　　/そのように/まだ、/思い出してください/

to get your free drink/before/the three-month expiration date.//
あなたの無料の飲み物を手に入れることを/より前に→/3カ月の有効期限。　　　//

Today,/② I'm writing/to invite you/to join our membership.//
Today /書いている /あなたを招待するために /私たちの会員になることに。 //

By showing your membership card/at any of our stores/you visit,/
会員証を見せることで /私たちのどの店でも /あなたが訪れる、/

you will get a free drink/for every $80 you spend.//
無料の飲み物が手に入る /$80使うごとに。 //

We also have partners/around the world/
私たちには提携先もある /世界中に /

where you can enjoy their coffee,/but still earn/
そこでその店のコーヒーを楽しめる、 /そしてさらに得る /

our membership points/based on your spending.//
メンバーシップポイントを /支払いに基づいて。 //

③ You can join/the program/by mailing back/the form enclosed.//
あなたは参加できる /このプログラムに /返送することで /同封された用紙を。 //

Alternatively,/applying online is easy.//
あるいは、 /オンライン申し込みが簡単だ。 //

Just follow the steps/written on our Web site/to create an account.//
指示に従うだけだ /私たちのウェブサイトに書かれている /アカウントを作るために。 //

As soon as/you join the program,/you are eligible/
〜するとすぐ→ /プログラムに参加する、 /あなたは権利を得る /

for special discounts and other benefits/for members.//
特別割引とほかの恩恵の /会員のための。 //

There is no application fee or annual fee.//Why wait?//
申込料も年会費もない。 //なぜ待つのか? //

④ We hope/you see the value/and choose/to enjoy all of the benefits/
We hope→/あなたがこの価値を分かることを /そして選ぶのを /すべての恩恵を楽しむことを /

we have ready/for you.//
すでに準備はできている /あなたのために。 //

Enclosure
同封物あり

Rewards Program Team
特典プログラムチーム

Marco's Coffee and Tea

語注：□ redeem A for B　AをBと引き換える　□ token　証し
　　　□ enclosed　同封された　□ rewards program　特典プログラム

1. What is the main purpose/of this letter?//
何が主な目的か　　　　　　　　　/この手紙の。　　//

(A) To report/a problem
報告すること　/問題を

(B) To inform/of a program
知らせること　/プログラムを

(C) To offer/employment
提供すること/雇用の機会を

(D) To review/a document
見直すこと　　/書類を

正解：(B)
②に、会員プログラムへの招待のために手紙を書いているとあり、それに続いて
プログラムの内容が述べられている。

---

2. What is Mr. Parker reminded/to do?//
何を Mr. Parker は思い出させられるか　　　/することを。//

(A) Receive a free drink
無料の飲み物を受け取る

(B) Print out a coupon
クーポンを印刷する

(C) Respond to a survey
アンケートに応じる

(D) Confirm his spending
費用を確認する

正解：(A)
①で、アンケートに答えたお礼のクーポンを飲み物と引き換えたかを確認をして、
有効期限を知らせている。

236

3. What was most likely sent/with the letter?//

何がおそらく送られたか　　　　　　　　/手紙と一緒に。　　　//

(A) A membership card
会員証

(B) A consumer report
消費者向け報告書

(C) An updated invoice
最新の送り状

(D) An application form
申込用紙

正解 : (D)

③に、プログラムに参加するには同封の用紙を返送するようにとある。

---

4. The word "see" in paragraph 3, line 5, is closest in meaning to/

第3段落5行目の語"see"と最も意味が近いのは

(A) visualize
可視化する

(B) understand
理解する

(C) watch
見る

(D) justify
証明する

正解 : (B)

④の文の「サービスの内容を分かる」の「分かる」の同義語は選択肢の中では「理解する」だ。

(●») 072

Sally Gonzalez [8:03 A.M.]

Hi, everyone.//
Hi, everyone. //

① I came in early/to set up the room/but I can't get in.//
私は早く来た /部屋の設営をするために /でも中に入れない。 //

Why is the meeting room locked?//
なぜ会議室は施錠されているのか? //

Elizabeth Gates [8:05 A.M.]

② Didn't you read the e-mail/about the new policy?//
メールを読んでないのか /新しい方針についての。 //

The meeting rooms are automatically locked/between 9 P.M. and 9 A.M.//
会議室は自動的に施錠される /9 P.M.〜9 A.M.。 //

Sally Gonzalez [8:06 A.M.]

Oh, no.//I never use/the meeting rooms/out of work hours,/
Oh, no. //私は使ったことがない/会議室を /就業時間外に、/

so I completely forgot.//
なので完全に忘れていた。 //

I heard/the projector is having issues/again.//
I heard→/プロジェクターに問題があると /また。 //

③ I wanted to make sure/my request/
私は確認したい /私の要望→/

to get it replaced with a new one/went through.//
それ(プロジェクター)が新しい物と交換されること /が実行されたか。 //

Tina Wong [8:07 A.M.]

I heard/that the facilities people fixed/the projector,/
I heard→/施設課の人が修理した /そのプロジェクターを、/

so it should be fine.//
なのでそれは大丈夫のはず。 //

238

I got the code/from security/to unlock the door.//It's 5516.//
私は暗証番号を得た /保安部から　　　　　/ドアを開錠するための。　　//5516だ。　　　//

I'm on my way.//Once we're in the room,/we just have to arrange/
私は向かっている。　　//私たちが入室したら、　　　/並べるだけでいい/

tables and chairs.//
テーブルと椅子を。　　//

Casey Togo [8:25 A.M.]

Good morning, everyone.//I'll be there/in 5 minutes.//
Good morning, everyone.　　　　//私はそこに行くだろう/5分後に。　　//

④ I know/we need/to rush/to set up the room/
I know→/私たちには必要だと/急ぐことが/部屋を設営するために/

in about 20 more minutes.//
20分ぐらいで。　　　　　　//

Sorry I'm running late.//
Sorry、遅れて。　　　　//

Elizabeth Gates [8:26 A.M.]

Hi,/I just got to the office/now.//Traffic was terrible.//
Hi　/オフィスに着いた　　　/今。//渋滞がひどかった。　　//

I'll pick up/the training booklets/from your desk,/Casey.//
私が取ってくる　/研修の小冊子を　　　　　/あなたの机から、　　/Casey。//

Come directly/to the meeting room.//
まっすぐ来て　　/会議室に。　　　　//

⑤ Everyone,/the new employee training/got pushed back/
Everyone,　　/新人研修は　　　　　　　/予定が押した/

15 minutes,/ so don't worry.//They won't come in/until 9:10.//
15分　　　/だから心配はいらない。//彼らは来ない　　/9:10まで。　　//

⑥ The CEO is meeting them/at 9:00/to give a short talk.//
最高経営責任者が彼らに会う　　/9:00に　/短い講話をするために。　　//

Casey Togo [8:32 A.M.]

Thanks, Elizabeth.//I'm on the first floor.//I'm coming upstairs/now.//
Thanks、Elizabeth.　　//私は1階にいる。　　　//上階に向かっている　/今。　//

239

5. Why has Ms. Gonzalez arrived/early?//
なぜMs. Gonzalezは着いたのか　　　　　　　/早く。　//

(A) To prepare/a venue
準備するため　/会場を

(B) To replace/a projector
交換するため　/プロジェクターを

(C) To get some/documents
手に入れるため　/書類を

(D) To unlock/a door
開錠するため　/ドアを

正解：(A)
①で、部屋の設営をするために早く来たと書いている。また③でプロジェクターの確認をしたいとある。それらの目的は会場の準備だ。

---

6. What is suggested/about the meeting room?//
何が示唆されている　　　　/会議室について。　　　　//

(A) It has been renovated.//
改修された。　　　　　//

(B) Multiple projectors are/in the room.//
複数のプロジェクターがある　　/部屋の中に。　//

(C) There is a new rule about its operation.//
その運用について新しい規則がある。　　//

(D) Ms. Gonzalez has its key.//
Ms. Gonzalezが鍵を持っている。　//

正解：(C)
②に、新しい方針で会議室は施錠されるようになったとある。②のpolicyが選択肢ではruleに言い換えられている。

---

7. At 8:26 A.M.,/ what does Ms. Gates most likely mean/
8：26 A.M.に、　　/Ms. Gatesはおそらく何を意味したか/

when she writes, "don't worry"?//
"don't worry"と書いたとき。　　　//

(A) The meeting room is unlocked.//
会議室は開錠されている。　　　　　//

(B) Everyone got to/the office.//
全員が到着した　　　/オフィスに。　//

(C) She made copies/of the handout.//
彼女はコピーした　　　/配布資料を。　//

(D) They have time/to arrange furniture.//
彼らは時間がある　　　/家具を配置するための。　　　//

正解 : (D)
到着が遅れているCaseyが④で急いで部屋の設営をしなければ、と言っていたが、ターゲットのフレーズを含む⑤でMs. Gatesは、研修の予定が遅れているため参加者たちが会議室に来るのはまだ先の時間だと伝えている。よって、「設営の時間に余裕ができた」ので、「心配はいらない」という意味になる。

---

8. What will happen at 9:00?//
何が起きるか　　　　　/9:00に。//

(A) Employees will receive/handouts.//
従業員は受け取る　　　　　/配布資料を。　//

(B) Trainees will listen to/an executive's speech.//
研修生たちは聞く　　　　/役員の話を。　　　　//

(C) Meeting rooms will be booked.//
会議室が予約される。　　//

(D) Ms. Wong will arrive/at the office.//
Ms. Wongが到着する　　　/オフィスに。　//

正解 : (B)
⑥に、9時に最高経営責任者が新入社員（研修生）に講話をするからとある。文書中のnew employee(s)が選択肢ではtraineesに言い換えられている。

PATTY'S FLOWERS

http://www.pattysflowers-bellemont.com
7273 Bellemont Street, Denver, CO 80033

① My name is Patty/and I have just opened/a flower shop,/
私の名前は Patty　　　/そして私はまさに開店した　　/生花店を、/

located on the corner/of Bellemont Street and Camera Avenue.//
角に　　　　　　　/Bellemont Street と Camera Avenue の。　　　　//

I hope/I can put smiles/on people's faces/
I hope→/笑顔を作れることを　/人々の顔に/

with beautiful arrangements and bouquets.//
美しいアレンジメントと花束で。　　　　　　//

② Whether/it be for business or special occasions,/I have flowers/
どちらでも →/ビジネス向けまたは特別の日向けでも、　　　/私(店)には花がある/

just for you!//
まさにあなたのために！//

As a store opening marketing campaign,/I am sending out/
開店販売キャンペーンとして、　　　　　　　/私は送る/

30 free flower arrangements,/which can be delivered/anywhere/
30の無料のアレンジメントを、　　　/そのアレンジメントは配達される　/どこへでも/

within 10 kilometers of the store.//
店の10Km以内の。　　　　　　　　//

The service will be offered/completely free of charge,/
このサービスは提供される　　　　/完全に無料で、/

and no purchases are necessary.//
そして購入は必要ない。　　　　　//

However,/I do ask/that you write a review/about my services.//
しかしながら、/私は頼む　/あなたがレビューを書くことを　/私のサービスについて。　//

③ Please visit my Web site/for more information.//
Please visit my Web site   /for more information.   //

Patty Garcia, Store Owner
Patty Garcia、店主

9. What is the purpose/of this advertisement?//
何が目的か   /この広告は。   //

(A) To introduce a business
商売を紹介すること

(B) To confirm a new policy
新しい方針を確認すること

(C) To place an order for flowers
花を注文すること

(D) To offer an apology
謝罪をすること

正解 :(A)
①と②で、生花店の開店と、その店の特色を述べている。

10. What has Ms. Garcia asked/the readers to do?//
何を Ms. Garcia は頼んだか   /読み手がするように。   //

(A) Check reviews
レビューを確かめる

(B) Purchase flowers
花を購入する

(C) Visit a Web site
ウェブサイトを訪れる

(D) Send an e-mail
メールを送る

正解 :(C)
③に、詳しい情報はウェブサイトを訪ねてほしいとある。花は買わなくてもサービスは受けられる。

Questions 11-14/refer/to the following notice.//
問題11-14は　　　　　　/参照する/次の告知を。　　　//

🔊 074

Notice/
告知/
for Village on Oak Residents
Village on Oak の住民の方へ

This notice is to inform you/that ① OTAS Upgrades was chosen/
この告知はあなたに知らせる→　　　　/OTAS Upgrades社が選ばれたことを/

to carry out your community's renovation project.//— [1] —.//
あなたの地域で改修事業を実施するのに。　　　　　　　　//— [1] —.　　//

Work will begin/on February 3.//In the first two weeks,/
作業は始まる　　/2月3日に。　　//初めの2週間は、/

we will be replacing/old water pipelines.//
交換する　　　　　/古い水道管を。　　　　//

② Access will be needed/to the water meter/in the garage.//
近づくことが必要になる　　　/水道メーターに　　　/車庫の中の。　　//

Therefore,/you will be asked/to clear the floor/
そのため、　/あなたは頼まれる　/床を片付けることを/

around the water meter.//— [2] —.//
水道メーターの周りの。　　//— [2] —.　//

③ Your cooperation will be greatly appreciated.//
Your cooperation will be greatly appreciated.　　　　　//

The schedule for each building will be indicated/
それぞれの建物の予定は示される/

in a separate letter/delivered next week./
別の手紙で　　　　　/来週届けられる。/

If you would like the work done/on a particular date,/
もし作業をしてほしいなら　　　　/特定の日に、/

we will do our best/to accommodate your request.//— [3] —.//
我々は努力する　/あなたの要望に合わせるために。　　//— [3] —.　//

Please e-mail us/at <scheduling@otasupgrades.com>/
私たちにメールしてください/scheduling@otasupgrades.com宛てに/

with your name, phone number, building number, and preferred date.//
名前、電話番号、建物番号と希望日を。   //

— [4] —.
— [4] —.

④ We look forward to/working with you/ on this project.//
We look forward to →   /あなたと取り組むことを   /この計画に。   //

OTAS Upgrades

語注：□ renovation　改修　□ clear　〜を片付ける　□ particular　特定の
□ accommodate　〜（要望など）に合わせる

11. What is the main purpose/of this notice?//
何が主な目的か   /この告知の。   //

(A) To inform/of a new policy/for residents
知らせること   /新しい方針を   /住民のための

(B) To respond/to complaints/from neighbors
返答すること   /苦情に   /近所からの

(C) To provide/an updated quote/for services
提供すること   /最新の見積もりを   /サービスに関する

(D) To request/cooperation/from a community
要請すること   /協力を   /地域からの

正解：(D)
②、③、④で、地域の改修工事の実施に向けて住民に協力を求めている。

12. What kind of company most likely is/OTAS Upgrades?//
どんな種類の会社か　　　　　　　　/OTAS Upgradesは。　　　//

   (A) A construction company
      建築会社

   (B) A design company
      設計会社

   (C) A real estate company
      不動産会社

   (D) A housekeeping company
      施設維持管理会社

正解 ： (A)
①に、この会社が依頼されたのは地域の改修事業とあるので、建築会社と推測できる。

---

13. What have the residents been asked to do?//
何を住民は依頼されているか。　　　　　　　　　　　　　//

   (A) Send a confirmation e-mail
      確認のメールを送る

   (B) Limit the amount of water usage
      水の使用を制限する

   (C) Make space in the garage
      車庫の中にスペースをつくる

   (D) Approve a request
      要求を承認する

正解 ： (C)
②、③で、作業を行う空間を作るのに、車庫の中の水道メーター周りの片付けを頼まれている。

---

14. In which of the positions/marked [1], [2], [3], and [4]/
どの位置に　　　　　　　　　/[1]、[2]、[3]、[4]の記号が付いた/

does the following sentence best belong?//
次の文が最もあるべきか。　　　　　　　　//

"Additionally,/water service will be turned off/
「加えて、　　　　　/水の供給が止まる/

for approximately two hours."//
約2時間」　　　　　　　　　//

(A) [1]
(B) [2]
(C) [3]
(D) [4]

正解 : (B)
Additionally（加えて）に続けて、住民が被るイレギュラーな不便を述べているので、それより前にも不便な事態に関する記述があるはずだ。②の車庫の床の片付けがそれに当たる。

Questions 15-17/refer/to the following memo.//

問題15-17は　　　　　　　/参照する/次の回覧を。　　　//

To: Staff Members
From: Kate Clifford
Date: May 19
Subject: Urgent matter
件名：急用

Dear Team Members,
チームのみんなへ

Our weekly marketing e-mail was sent/last night.//
私たちの週刊の営業メールが送信された　　　　　/昨夜。　　　//

There was a misprint/regarding ① the Premier Sightseeing Tour,/
誤植があった　　　　　　/Premier Sightseeing Tourに関して、/

only offered to our frequent guests.//
常客にだけ提供される　　　　　　　　//

② The e-mail listed/the discount as 2 percent/instead of 20 percent.//
メールは載せた　　　　/割引を2%と　　　　　/20%の代わりに。　　　//

While/we have already sent out a message/to correct the mistake,/
とはいえ→/すでにメッセージを送った　　　　/間違いを正すのに、/

not all of our customers may have read/the second e-mail.//
全ての顧客が読んではいないかもしれない　　　/2通目のメールを。　　//

③ If anyone shows you/the 2 percent discount coupon,/
もし誰かが見せたら　　/2%引きのクーポンを、/

please notify them/of the mistake/and apply the proper discount.//
彼らに知らせてください　/誤りを　　　　/そして正しい割引を適用してください。　//

E-mail recipients have also been notified/of the change/
メールの受信者は知らされてもいる　　　　　/変更を/

in our departure location.//
出発場所の。　　//

④ Please be reminded/that until/the construction is completed/
思い出させてください→　　/までは→　/工事が完了する/

in the downtown area,/buses will leave/from Topanga Street/
中心街地区で、　　　　/バスは出発する予定だと/Topanga Streetから/

248

rather than from Hill Street.//
Hill Streetからではなく。　　　　　　//

No changes have been made/to the tour schedules.//
変更はされていない　　　　　　　/ツアースケジュールには。　　//

⑤ Maps have been placed/in your booths.//Please hand them out/
　地図は置かれている　　　　　/あなたたちのブースに。//手渡してくださいそれらを/

to customers/for their reference.//
お客さまへ　　　/参考のために。　　　//

Thank you for your cooperation.

Kate Clifford
General Manager, Sunny Tours
本部長、Sunny Tours

語注：□ urgent matter　急用　□ frequent guest　常客　□ proper　正しい
　　　□ recipient　受信者

15. For whom is the memo most likely intended?//
誰にこの回覧はおそらく向けられているか。　　　　　　　　　　//

(A) Department store clerks
デパートの販売員

(B) Charter bus drivers
貸し切りバスの運転手

(C) Private tour guides
個人旅行ガイド

(D) Ticket office workers
チケット売り場の係員

正解 ：(D)
文書は旅行会社のGeneral Manager（本部長）から送られた回覧。③、④、⑤
から、顧客と接してツアーを販売するスタッフへの連絡と分かる。

16. What is stated/about the Premier Sightseeing Tour?//
何が言われているか　/Premier Sightseeing Tourについて。　　　//

(A) It is being offered/at a special rate.//
ツアーは提供されている　/特別価格で。　　//

(B) It is available/to all customers.//
ツアーは利用可能だ　/全ての顧客が。　　//

(C) Its schedule has changed.//
ツアーのスケジュールが変更された。　//

(D) Its departure location is on Hill Street.//
ツアーの出発場所はHill Streetだ。　　　//

正解 ：(A)
①と②から、このツアーは常客にだけ提供され、割引があると分かる。

---

17. What does Ms. Clifford ask/the staff members/to do?//
何をMs. Cliffordは頼んでいるか　　　/スタッフメンバーに　　　/するように。//

(A) Send/an updated e-mail/to customers
送る　/最新メールを　　/顧客へ

(B) Notify/bus drivers/about a mistake
知らせる /バスの運転手に　/誤りを

(C) Give/maps/to customers
渡す　/地図を　/顧客に

(D) Print out/some special coupons
印刷する　/特別クーポンを

正解 ：(C)
⑤に地図はブースに置かれているので顧客に渡すようにと指示がある。

Questions 18-22/refer/to the following advertisement and e-mail.//

問題18-22は　　　　　/参照する/次の広告とメールを。　　　　　　　　　//

🔊 076

PACIFIC WINDS INC.

HR Training Manager Wanted
人事教育マネジャー求む

Are you experienced/in designing training courses/
あなたは経験があるか　　　　/研修コースの設計の /

that match employees' learning needs?//
従業員の学びの要求に合致する。　　　　　　　　//

Are you capable/of developing strategic plans/to help/
あなたは能力があるか　/戦略的な計画の開発の　　　　　/助けるため /

employees improve their performance?//
従業員が業績を向上させる。　　　　　　　　//

If/you are a motivated leader/who has/the skills and experience/
もし〜なら→/あなたがやる気のあるリーダーで /持っている /スキルと経験を /

listed below,/apply now!//
下に示した、　　/すぐに申し込んで！//

- ① Minimum of 10 years of experience/in corporate training
  最低10年の経験　　　　　　　　　　/社内研修の

- ② Managerial experience/
  管理職の経験 /

  working with a group of international staff
  国際的なスタッフのグループと働いた

- ③ Excellent verbal, written and interpersonal communication skills
  優れた言葉での、記述での、そして対人でのコミュニケーションスキル

- ④ Good at analyzing and evaluating/training programs
  分析と評価が得意　　　　　　　　　/研修プログラムの

- Experience in the areas of computing and technology preferred
  コンピューターとテクノロジーの分野での経験が望ましい

  ⑤ Apply/using our online document/by clicking HERE.//
  応募してください/オンラインの書類を使って　　/ここをクリックして　　//

251

🔊 077

To: Staff Members
From: Andrew Baker
Date: March 9
Subject: Welcome party/and/talk with Rita Morris
件名：　　　歓迎パーティー　　　/と　/Rita Morrisによる話

I am excited to announce/
I am excited to announce→/

that ⑥ Rita Morris has joined our team/today/
Rita Morrisが私たちのチームに加わったことを　　　/本日/

as the HR training manager.//
人事教育マネジャーとして。　　　　//

Prior to joining our team,/she worked/at TY Inc./from 2005,/
私たちのチームに入る前に、　　/彼女は働いた　　/TY Inc.で　　/2005から/

where she provided/various training programs/for employees.//
そこで彼女は提供した　　/さまざまな教育プログラムを　　/従業員に対して。　//

⑦ She has extensive experience/
彼女は豊富な経験を持っている/

leading a diverse group of members/in international offices.//
さまざまなグループの人たちを指導する　　/国際的なオフィスで。　　//

⑧ She was just the person/we were looking for/as we continue/
彼女こそがその人物だった　　/私たちが探していた　　/私たちが続けている今/

to expand our business/globally.//
経営を拡大することを　　/世界中に。//

From 12:00 to 1:30/next Monday,/
12:00～1:30　　　/来週の月曜日/

we will have a welcome luncheon/followed by/
歓迎の昼食会を開く　　　　/後には続く/

a brief staff meeting.//
短いスタッフ会議が。　　//

You will have the opportunity/to hear Rita speak/
あなたは機会を得る　　　　　　　　　/Ritaの話を聞く /

about her wealth of experiences/and ask any questions/
彼女のとても豊富な経験について　　　　/そして質問をしてください/

you may have.//
あなたが持っているだろう。//

Please arrive at the cafeteria/between 12:00 and 12:10./
カフェテリアに到着してください　　　　/12:00〜12:10に。/

I was informed/by Rita/that she plans/to demonstrate/
私は伝えられた　　　/Ritaから　/彼女は計画していると/実演することを /

a short team-building activity.//
チームをまとめるための短い活動を。　　//

Because she needs/some space and time/to set up,/
彼女は必要とするので　　/場所と時間を　　　　/準備するために、/

you may be asked/to wait outside the cafeteria/
頼まれるかもしれない　　/カフェテリアの外で待つことを /

if you arrive early.//
もし早く着くと。　　//

I have requested/that our corporate photographer take photos/
私は要請した　　　　/社内写真家が写真を撮ることを /

of the event.//
イベントの。　　//

You will be able to view the photos/online/later.//
あなたは写真を見ることができる　　　/オンラインで/後で。//

Please refrain/from using smartphones and taking photos/
控えてください　　/スマートフォンの使用と写真の撮影を /

during the team-building activities and discussions.//
チームをまとめるための活動と議論の間は。　　　　　//

See you there!

Best regards,
Andrew Baker
Director

語注：□ prior to ~　〜の前に　□ extensive　広範囲にわたる

18. According to the advertisement,/what should candidates do?//

広告によると、　　　　　　　　　　/何を候補者はするべきか。　　//

(A) Send an e-mail
メールを送る

(B) Request information
情報を請求する

(C) Fill out a form
用紙に記入する

(D) Make an inquiry
問い合わせをする

正解 : (C)

広告の一番下⑤に、オンラインの書類を使って応募してくださいとある。

---

19. What is NOT a stated requirement/for the job?//

何が言われていない必要要件か　　　　/この仕事のために。//

(A) Experience in corporate training
社内研修の経験

(B) Good communication skills
優良なコミュニケーションスキル

(C) Ability to evaluate training programs
研修プログラムを評価する能力

(D) Experience in the technology field
技術分野での経験

正解 : (D)

広告の応募条件を見ると、(A) は①に、(B) は③に、(C) は④に記載がある。

---

20. What is mentioned/about Ms. Morris?//

何が述べられているか　　　　/Ms. Morrisについて。　　//

(A) She has experience/working with Mr. Baker.//
彼女は経験がある　　　　　/仕事をMr. Bakerとともにした。　//

(B) She has managed/international staff members.//
彼女は管理していた　　　　/国際的なスタッフたちを。　　　//

(C) She has a certificate/in computer engineering.//
彼女は資格がある　　　　/コンピューター工学の。　　　//

(D) She has been interviewed/on TV/before.//
彼女はインタビューを受けた　　/テレビで /以前。　//

正解：(B)
メールの⑦に、国際的なオフィスでさまざまな人たちを指導していたとある。

---

21. What is suggested/about Ms. Morris?//
何が示唆されているか　　　/Ms. Morrisについて。　　//

(A) She has/over a decade of experience/in training.//
彼女は持つ　/10年以上の経験を　　　　　/研修において。　//

(B) She was interviewed/multiple times/by Mr. Baker.//
彼女は面接を受けた　　　/複数回　　　/Mr. Bakerによって。//

(C) She is good at taking photographs/in the workplace.//
彼女は写真撮影が得意だ　　　　　/職場での。　　　　//

(D) She will be on an international business trip/soon.//
彼女は国外への出張に行く　　　　　　　/すぐに。//

正解：(A)
メールの⑥に、Ms. Morrisが人事教育マネジャーに採用されたとある。よって彼女は広告にある必要要件の10年以上の経験を満たしていたと推測できる。

---

22. In the e-mail,/
メールの/

the phrase "looking for" in paragraph 1, line 6, is closest in meaning to
第1段落、6行目の語 "looking for" と最も意味が近いのは

(A) facing towards
面している

(B) hoping for
望んでいる

(C) directing to
向けている

(D) planning on
計画している

正解 : (B)

⑧のthe person we were looking forは「探していた人材」という意味なので、この「探していた」と同じ意味になる表現は（B）hoping for（望んでいた）だ。

Questions 23-27/refer/

問題23-27は /参照する/

to the following advertisement, review, and receipt.//

次の広告とレビューとレシートを。 //

🔊 078

Queen Cruises

Limited Time Offer –/① Educational Program ($79)

期間限定 /教育プログラム（$79）

Our favorite program is back again/this year.//

私たちの好きなプログラムがまた戻ってきた /今年。 //

② Learn/about the ocean's ecosystem/with a biologist!//

学ぼう /海の生態系について /生物学者と一緒に！ //

③ Through this program/only offered in July,/discover/what lies/

このプログラムを通じて /7月のみ提供される、 /発見しよう /何がいるか/

beneath the beautiful waters.//

美しい水の下に。 //

④ A biologist on board will drag/a net/along the bottom of the sea.//

乗船している生物学者が引く /網を /海の底に沿って。 //

After lifting the net,/passengers will learn/

網を上げた後で、 /乗客は学ぶ/

about the variety of marine life/found underneath the cruiser.//

さまざまな海洋生物について /船の下で見つかった。 //

All creatures will be returned back/to the ocean/promptly.//

全ての生き物は戻される /海に /すぐに。 //

*The program takes place/on our dolphin-watching tour.//

このプログラムは行われる /イルカ観察ツアーで。 //

⑤ **New Cruiser –/Dolphin Watching** ($46)

新しい船 /イルカ観察（$46）

Join us/for an exciting dolphin-watching excursion.//
参加しよう／エキサイティングなイルカ観察の旅に。　　　　　　//

⑥ Our cruise departs/twice daily,/
　私たちのクルーズは出発する／日に２回、／

in the morning and in the afternoon.//
午前と午後に。　　　　　　　　　　//

We have a new boat/built for luxury and speed.//
私たちには新しい船がある　　／贅沢で高速に作られた。　　//

Join the adventure/on our eco-friendly vessel!//
冒険に参加しよう　　　　／私たちの環境にやさしい船で！　　//

Our double-deck sightseeing cruiser is/U.S. Coast Guard/
私たちの２階建ての観光船は　　　　　　　／アメリカ沿岸警備隊に／

inspected and certified.//
検査され認定されている。　　//

It is safe and comfortable/
この船は安全で快適だ／

with plenty of seating and a viewing deck.//
たくさんの座席と見学デッキがあって。　　　　　　//

Aside from dolphins,/you will enjoy/seeing many sea lions/
イルカたちのほかにも、　　／楽しめる　　　／たくさんのアシカを見て／

playing in the harbor,/large cargo and container ships/
港で遊んでいる、　　　　／大きな貨物船やコンテナ船を／

from all over the world,/and much more!//
世界中から来ている、　　　　／そしてもっとたくさん！　//

We will also provide/lots of information/
さらに私たちは提供する　　／たくさんの情報も／

about the history of the harbor.//
港の歴史について。　　　　　//

Tickets are available/
チケットは入手できる／

through our Web site, our box office,tour companies, and major hotels.//
私たちのウェブサイト、チケット売り場、旅行会社、そして大手ホテルを通じて　　//

語注：□ ecosystem　生態系　□ plenty of ~　たくさんの〜
　　　□ aside from ~　〜のほかに

Welcome to Queen Cruises

Reviews | **About Us** | **Tickets**

★★★★★ Great ⑦ educational tour!
★★★★★ 素晴らしい教育ツアー！

⑧ We joined/the educational program.//
私たちは参加した /教育プログラムに。　　　　　//

My friend gave me/tickets/as a birthday present,/
友だちがくれた　　　　　/チケットを/誕生日プレゼントとして、/

so I didn't know/what to expect,/but it was great!//
なので知らなかった　/何があるのか、　　/しかし素晴らしかった！//

A biologist told us all/about the many creatures/we saw.//
生物学者が話してくれた　　　/たくさんの生き物について　　/私たちが見た。//

⑨ It took him a while/to locate some lobsters,/but I learned/
彼は時間がかかった　　　/ロブスターを見つけるのに、　/しかし私は学んだ/

a lot of interesting facts.//I highly recommend/this tour!//
たくさんの面白い事実を。　　//私はすごく薦める　　　/このツアーを!//

The cruise ship was comfortable/with a spacious interior.//
クルーズ船は快適だった　　　　　/広々とした内装で。　　　　//

It was a bit cold,/so after we heard/the talk by the biologist,/
少し寒かった、　　　/なので聞いた後　　/生物学者による話を、/

we went inside.//I wish I'd taken a jacket.//
私たちは中に入った。　//ジャケットがあったらよかったのに。//

However,/⑩ I was able to buy/hot coffee and a sandwich/
しかしながら、/私は買えた　　　/ホットコーヒーとサンドイッチを /

at the snack bar/and that warmed me up.//
軽食バーで　　　/そしてそれが私を温めた。　　　//

Overall,/it was a great and memorable experience!//
全体的に、　/これは素晴らしく、そして思い出になる経験だった！　//

Posted: October 10
投稿：October 10

- Annie White

※以下のReceiptの音声はありません。

Receipt # 41107160908
レシート番号　41107160908

The receipt number will be needed/
レシート番号が必要になる/

if you have to contact/customer service.//
もしあなたが連絡しなければならいなら/カスタマーサービスに。//

December 12
Received from ⑪ Tom Ackerman $144 payment/to Queen Cruises
受領　Tom Ackermanから$144の支払い　　　　　　　　　/Queen Cruisesへの

Description: Tickets/for dolphin watching cruise/
品目: チケット　　　　　　　/イルカ観察クルーズ/

on December 16 at 9 A.M.
December 16、9 A.M.

Unit price: ⑫ $36 (discounted rate)/
単価: $36 (割引価格)/

Quantity: 4/Amount: $144
数量: 4　　　　/合計: $144

IMPORTANT
重要

Bring/this receipt with you/
持参すること/このレシートを/

on the day of your cruise.//
クルーズ当日に。　　　　　//

⑬ Please pick up your ticket/at the box office/
　チケットを受け取ってください　　　/チケット売り場で/

by showing this receipt/to our staff member.//
このレシートを見せて　　　/スタッフに。　　　　//

41107160908

語注： □ box office　チケット売り場

ハーフサイズ模試の訳例・解答・解説

23. According to the advertisement,/what is a biologist/
広告によると　　　　　　　　　　　　　/何を生物学者が/

expected to do?//
すると期待されるか。　//

(A) Look for dolphins
イルカを探す

(B) Give a talk to passengers
乗客に話をする

(C) Prepare a research report
研究報告書の準備をする

(D) Sell cruise tickets
クルーズのチケットを販売する

正解 :(B)
広告の①、②、④から、生物学者が乗客にレクチャーをすると推測できる。

---

24. What is suggested/about Ms. White?//
何が示唆されているか　　　　/Ms. Whiteについて。　　//

(A) She wore/a jacket/during her cruise.//
彼女は着ていた /ジャケットを/クルーズの間。　　　　　//

(B) She has been on a boat/before.//
彼女は船に乗ったことがある　　　/以前に。　　//

(C) She went on a cruise/in the summer.//
彼女はクルーズに行った　　　　/夏に。　　　//

(D) She purchased/her own tickets.//
彼女は購入した　　　　/自分のチケットを。　　//

正解 :(C)
レビューの⑦、⑧からMs. Whiteは①の教育プログラム付きのクルーズに参加したと分かる。広告の③によると、このプログラムが実施されるのは夏の7月だけだ。

---

25. What is NOT true/about Queen Cruises?//
何が正しくないか　　　　　　/Queen Cruisesについて。　　　//

(A) It sells food and drinks/on the boat.//
食べ物と飲み物を販売している　　　　/船上で。　　//

(B) It offers tickets/at a special rate.//
チケットを提供している /特別価格で。 //

(C) It provides services/on a newly built ship.//
サービスを提供している /新しく建造した船で。 //

(D) It provides for a tour/once a day.//
ツアーを提供している / 1日1回。 //

正解 ：(D)
(A) はレビューの⑩と、(B) はレシートの⑫と、(C) は広告の⑤と一致している。
(D) は広告の⑥と不一致だ。

---

26. In the review,/the word "locate" in paragraph 1, line 4,
レビューの /第1段落、4行目の語"locate"と

is closest in meaning to
最も意味が近いのは

(A) find
見つける

(B) notice
通知する

(C) establish
設立する

(D) survey
調査する

正解 ：(A)
レビューの⑨の文のロブスターを「見つける」と同じ意味になるのは (A) のfindだ。

---

27. How/will Mr. Ackerman/obtain the tickets?//
どのようにして/Mr. Ackermanは /入手するか→チケットを。 //

(A) By presenting a receipt
レシートを見せて

(B) By printing them out
印刷して

(C) By paying with cash
現金で支払って

(D) By visiting a hotel concierge
ホテルのコンシェルジュに会って

正解 : (A)

レシートの⑬に、チケット売り場でレシートを見せてチケットを受け取るとある。

岩重理香（いわしげ　りか）
大学、企業などで15年にわたって800人以上にTOEIC対策を指導。
分かりやすく丁寧な指導で定評があり、270点スコアアップした
受講生も。茨城キリスト教大学大学院で英語学を学ぶ。共著に
TOEIC® TEST 鉄板シーン攻略シリーズ『読解 (Part 7)』『全パー
ト集中!』（ジャパンタイムズ）、『TOEIC®テスト基本例文700選』
（アルク）、執筆協力に『TOEIC®L&Rテスト「直前」模試3回分』
『TOEIC®テスト リーディングだけ300問』（アルク）など。ほか
に、通信教育、ネット教材なども手掛ける。

TOEIC® L&Rテスト Part 7を全部読んでスコアを稼ぐ本

発行日　2020年4月14日（初版）

著者　岩重理香

編集　株式会社アルク 出版編集部
編集協力　大塚智美
英文作成　江藤友佳
校正　渡邉真理子／Margaret Stalker／Peter Branscombe
AD・デザイン　武藤一将（MUTO DESIGN ROOM）
イラスト　カバー：片岡樹里／本文：タカイチ
ナレーション　Jennifer Okano／Karen Haedrich／Jack Merluzzi／Howard Colefield／
　　　　　　水月優希

録音・編集　一般財団法人英語教育協議会（ELEC）
DTP　株式会社秀文社
印刷・製本　日経印刷株式会社

発行者　田中伸明
発行所　株式会社アルク
〒102-0073　東京都千代田区九段北4-2-6市ヶ谷ビル
Website：https://www.alc.co.jp/

ご購入いただいた書籍の最新サポート情報は、
以下の「製品サポート」ページでご提供いたします。
製品サポート：https://www.alc.co.jp/usersupport/

地球人ネットワークを創る

アルクのシンボル
「地球人マーク」です。